万次郎ら一行の漂流及び航海の跡（『漂巽紀畧』穂之久爾本）

肖像画（右上 伝蔵［筆之丞］、左上 五右衛門、下 万次郎）

# 漂《ひよう》巽《そん》紀《き》畧《りやく》

全現代語訳

ジョン万次郎 述
河田小龍 記
谷村鯛夢 訳／北代淳二 監修

講談社学術文庫

目次

# 学術文庫化にあたって

・本書は宇高本『漂巽紀畧』（高知市民図書館発行、一九八六年）を底本とし、現代語訳、文庫化したものである。また図版については穂之久爾《ほのくに》本『漂巽紀畧』（穂久邇《ほのくに》文庫蔵）を撮影して用いた。所蔵者の竹本泰一氏に深く感謝する（諸本については「解題」参照）。図版の説明文は訳者による。
・底本の凡例は巻末に付した。
・底本の冒頭に掲げられた漂流および航海の経路図（本書では「航路図」と称す）と万次郎、伝蔵、五右衛門の肖像画は口絵として掲げた。

現代語訳にあたり、以下の方針で臨んだ。

・底本では本文の傍らに添え書き、また聞き手による割註があるが、それらを適宜斟酌して訳した。また割註は多く（　）に入れて処理している。
・底本では地名、人名を万次郎の発語どおり、耳で聞いたままをカタカナで工夫して表記している。各章の初出の際に底本の表記を「　」、通常の表記を［　］で示した。また、底本の表記を適宜ルビの形で示した箇所がある。
・文意にしたがいつつ、多く改行をほどこしてある。
・本文中に適宜、説明を補足した。おぎなった説明的箇所は［　］で示した。
・文中の年及び年齢は底本のままとした。西暦を（　）でおぎなった。

# 漂巽紀畧

# 航路図凡例

一

○緑青《ろくしょう》――

天保十二年辛丑《かのとうし》歳（一八四一）の正月に土佐沖から漂流を始めた五人の漁師は無人島にたどり着き、その後、アメリカの捕鯨船に救助され、その船で十月にハワイ諸島のオアフに入港した。以上の航路を示したのが、緑青の線である。

二

○臙脂《えんじ》――

漂流民のうち、万次郎《まんじろう》は他の四人と別れ、無人島から救出してくれた捕鯨船の船長ホイットフィールドに従ってその船の乗組員となり、天保十二年十二月にオアフを出港。その後、キンシミン［キングスミル］島を経由して天保十三年壬寅《みずのえとら》歳（一八四二）三月にグアム島に入港、さらに無人島から日本近海を航海、そして八月にオアフ近海まで戻ってきたものの逆風によってオアフに入港することはできなかった。十一月にはエミオに寄港、天保十四年癸卯《みずのとう》歳（一八四三）四月に南アメリカ南端をまわって大西洋を北上、北アメリカ東部のニユーベッドフォードに入港した。上記の航路を示したのが、臙脂の線である。

三

○黄丹《おうに》――

ハワイで暮らしていた伝蔵《でんぞう》と五右衛門《ごえもん》の兄弟が帰国をしようと考えたすえ、日本近海に向かう捕鯨船に便乗することになった。弘化三年丙午歳《ひのえうま》（一八四六）の十月にオアフを出港、弘化四年丁未歳《ひのとひつじ》（一八四七）の正月にはグアム島に入港した。そして、三月に八丈島に接近し帰国を果たそうとしたのだが、逆風によって上陸がかなわなかった。あるいは、北海道に近づいたときには上陸したのだが船長の離船許可を得ることができず、この機会も生かせなかった。その後、北洋のラシセ海を航海して、けっきょく、十月にオアフに戻ってきた。上記の航路を示すのが、黄丹の線である。

四

○点花——

アメリカの捕鯨船の乗組員となった万次郎は、弘化三年丙午歳の十月にアメリカ東部のニューベッドフォードを出港し、まずボストンに入港。その後、ウェシタン、ケープバーダ［ケープベルデ］などに寄港しながらアフリカ大陸南端をまわり、弘化四年丁未歳の二月にはチモールに入港停泊。そして、東に航海を続けてニューアイルランドに入港、三月にはグアム、四月にはボーニン［小笠原］、マンピゴミレなどに寄港しながら、無人島を経て日本近海を航海。十月にはオアフ、年を越えて弘化五年戊申歳《つちのえさる》（一八四八）の二月にはグアムに入った。さらに、ニューアイルランド近海をめぐって、嘉永二年己酉歳《つちのととり》（一八四九）の二月にシェヒネマン［セーラム島］、チモールなどに寄港しながら五月にはアフリカ大陸南端を回り大西洋を北上、ようやく六月にニューベッドフォードに帰港した。上記の航路を示すのが、点花の線である。

五

○赭黄《しやおう》――

帰国を決意した万次郎は嘉永二年己酉歳の十月にアメリカ東部のフェアヘブンを出港、南米南端のホーン岬を回り、嘉永三年庚戌歳《かのえいぬ》（一八五〇）の四月にチリのワペレーショ［バルパライソ］に入って滞在、五月にはカリフォルニアの金山に入坑、金採掘に従事して帰国資金を得た。その後、八月にカリフォルニアを出港し、九月にハワイ諸島のオアフに入港。当地で暮らす伝蔵、五右衛門兄弟を帰国に誘い、いっしょに日本近海に向かう船に乗船、十月にオアフを出港した。そうして、嘉永四年辛亥歳《かのとい》（一八五一）の正月、琉球に上陸し、ついに帰国の志を果たすことができた。上記の航路を示すのが、赭黄の線である。

嘉永五年　壬子歳《みずのえね》（一八五二）の冬のある日

小梁処士（河田小龍）記す

11　休泊各地分図

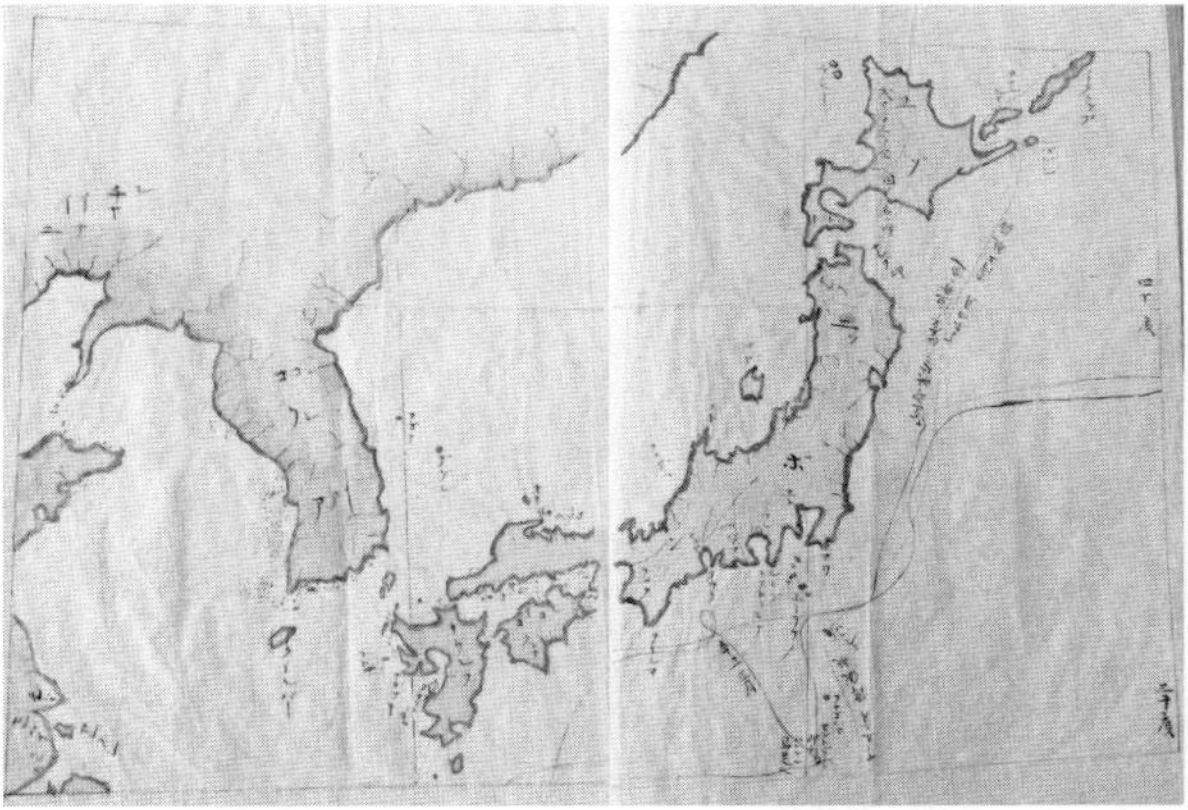

休泊各地分図

一　図中にある地名は、すべて万次郎ら漂流民が耳で聞き覚えて発するものを使用した。

一　いわゆるオランダ語訳のある地名については、その語句の傍らに朱線を付け、その地名は一般的にはこのように呼ばれているということがわかるようにした。

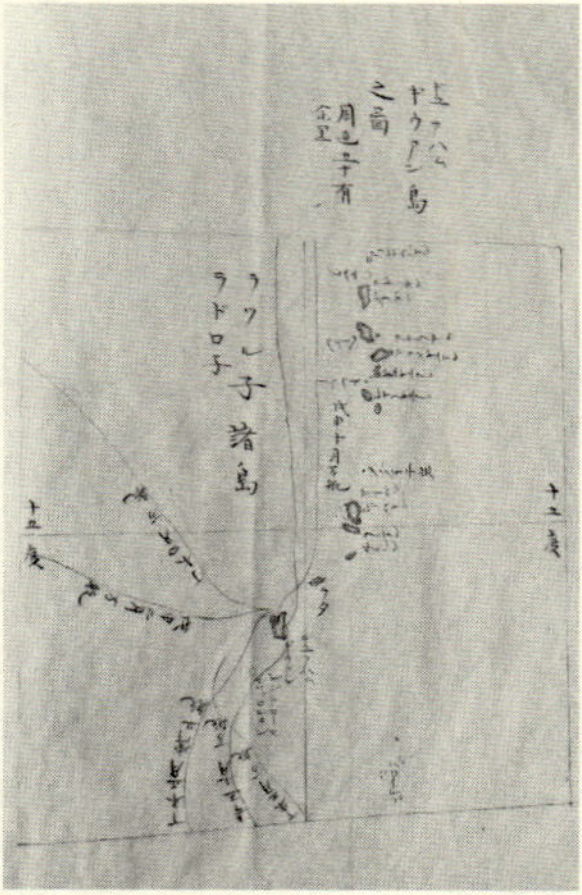
ラウルヽ子
ラドロ子
諸島

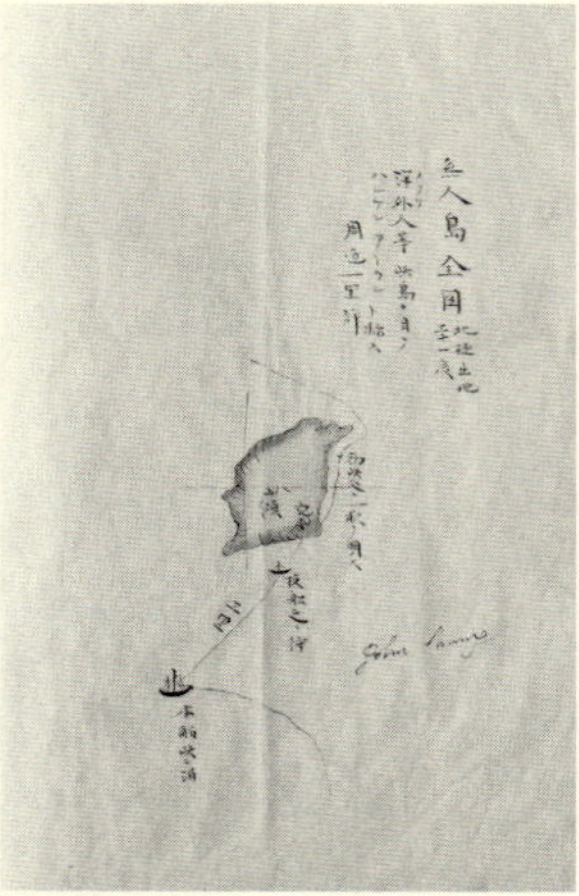
無人島全図

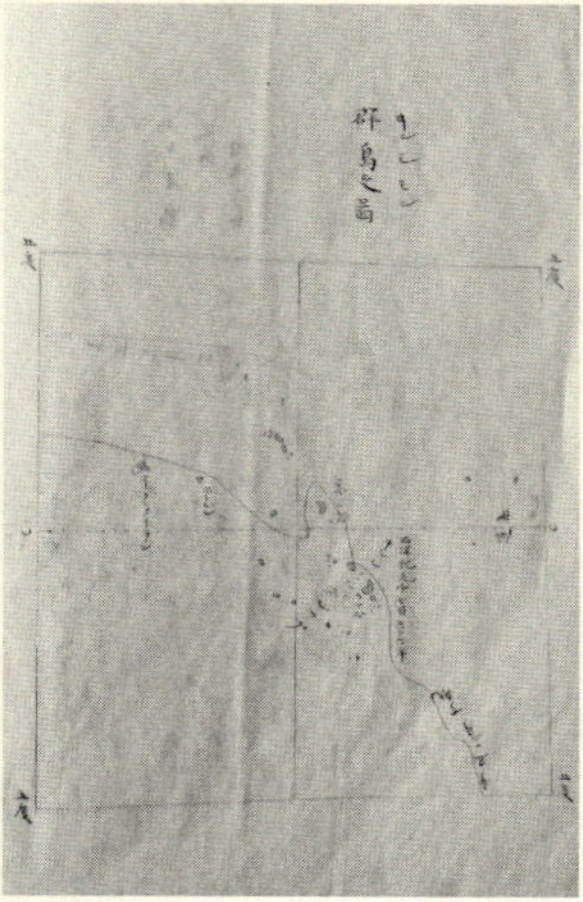
群島之図

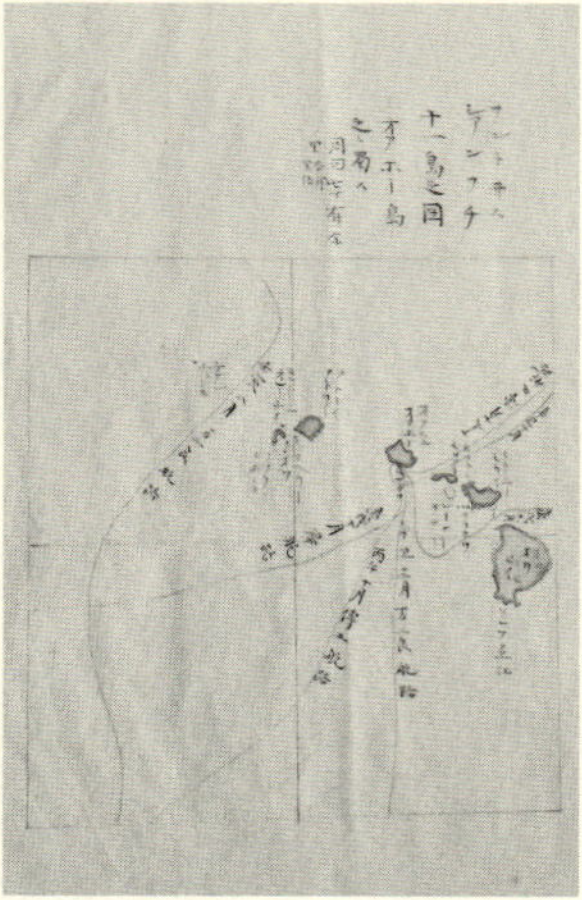
十一島之図

# 13　休泊各地分図

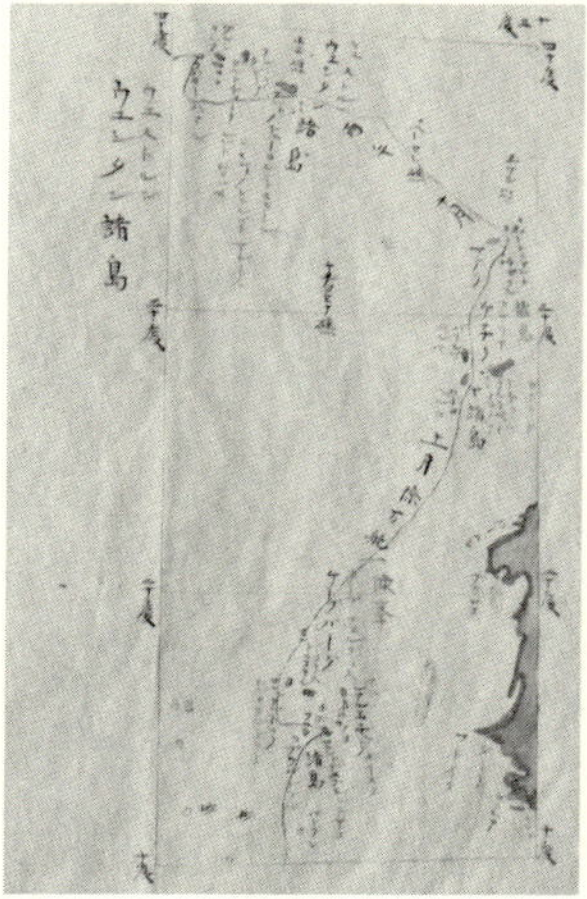

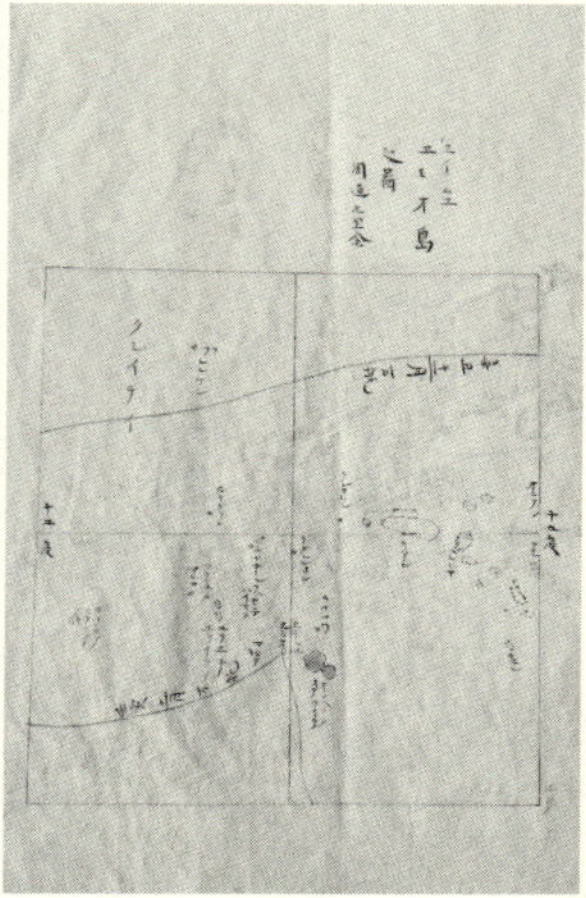

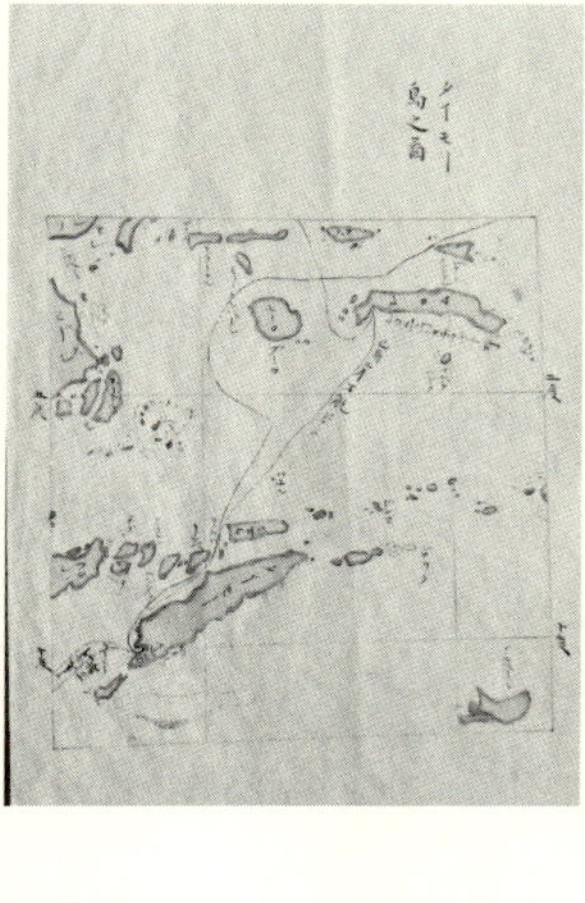

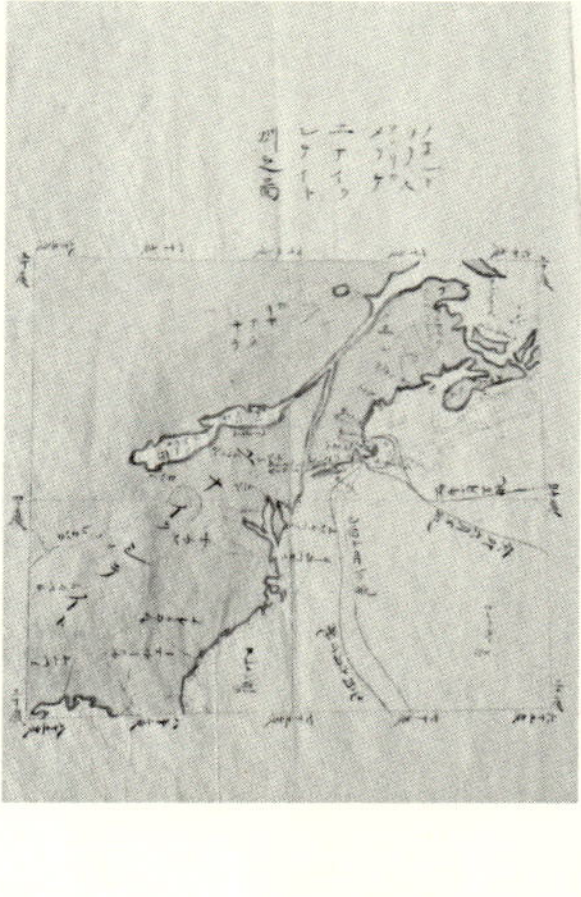

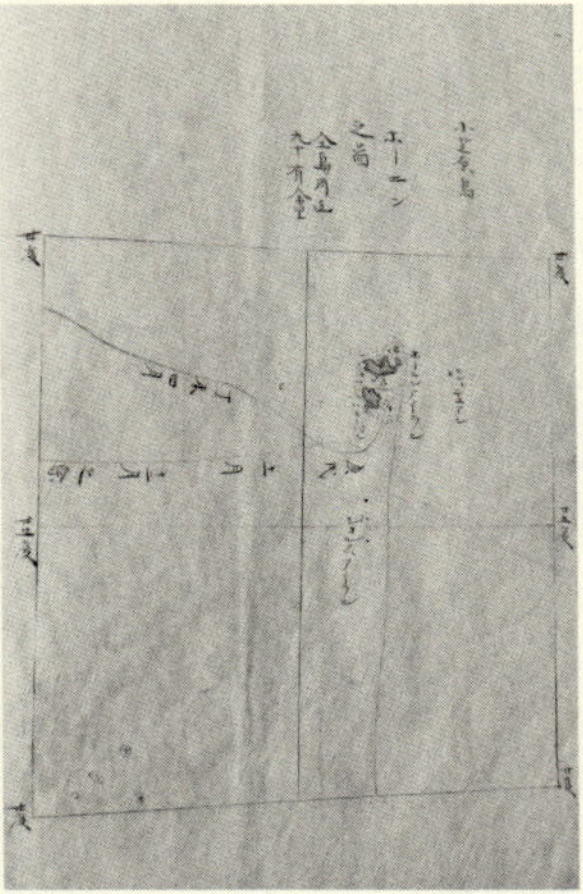

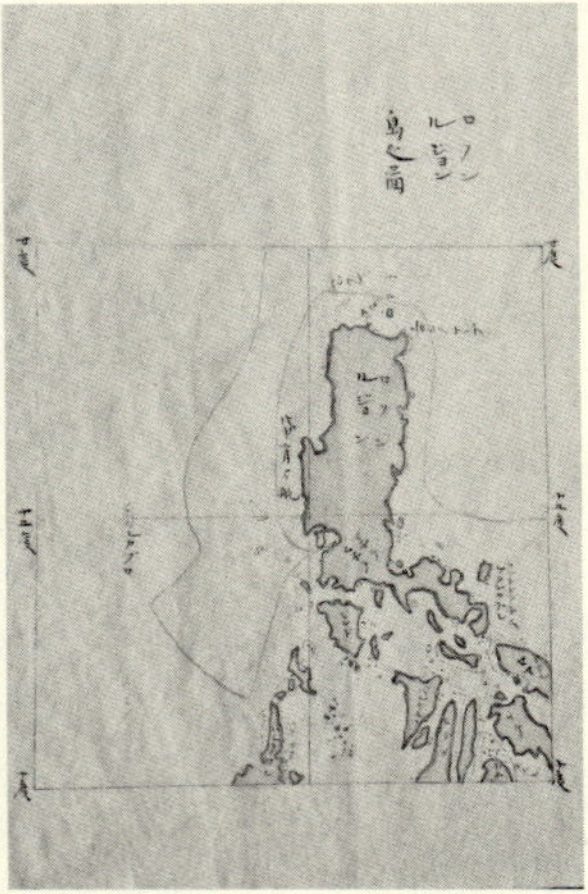

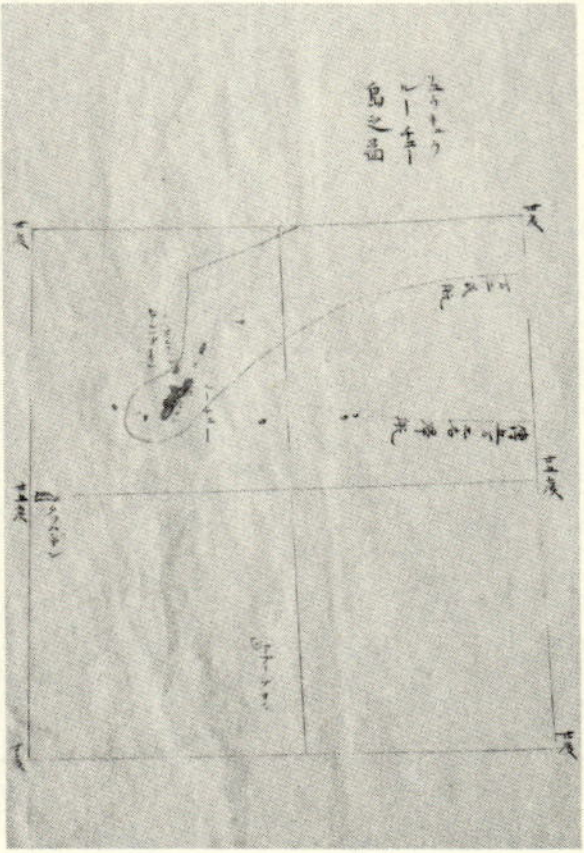

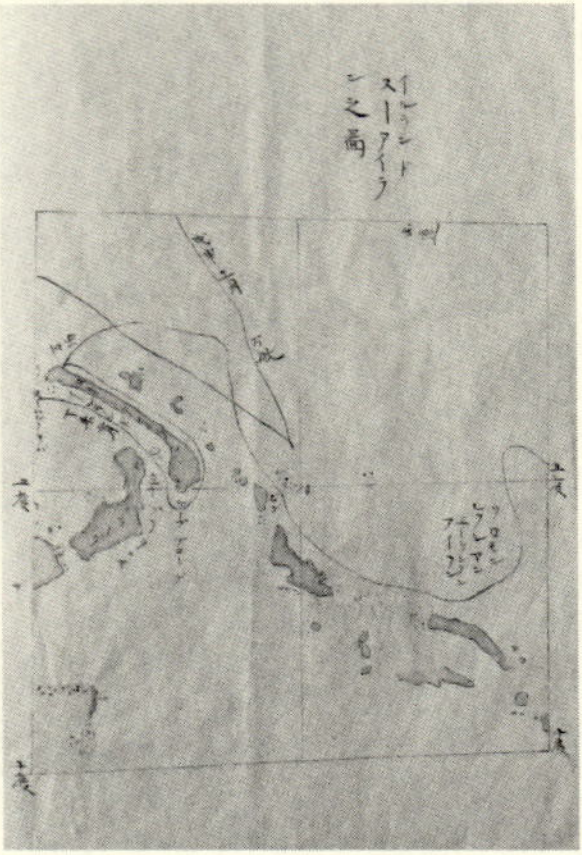

## 15　休泊各地分図

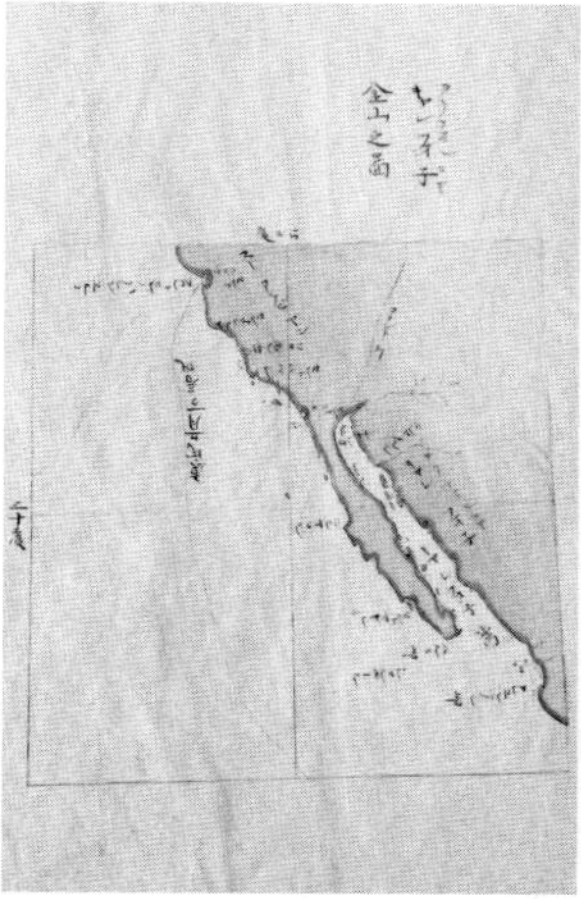

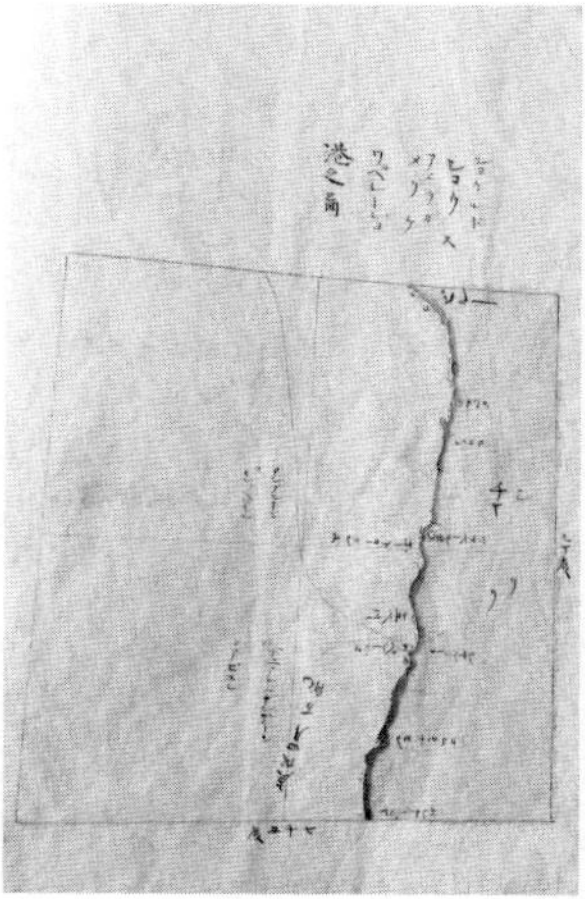

# 巻之一　筆之丞ら五人、漂流する話

まず、河田小龍《かわだしょうりょう》が、次のようなことを申し述べておきたい。

日本は世界的にみれば、太平洋に浮かぶ一つの島であるが、その歴史が始まって以来、海外に比べても随一といえるような、すぐれた政治がおこなわれてきた国であり百穀が実る豊穣の国である。だからこそ、これまでにも暴風などのために本土からはるかに遠く離れた島に流される人もあったけれども、その人たちも故国を慕いつづけ、帰国を果たしてきたのである。

そうしたわが国からの漂流民である伝蔵とその仲間は、天保十二年辛丑《かのとうし》歳（一八四一）に無人島に漂着し、その後北アメリカなどに暮らした。そして、日夜苦労を重ねて帰国を果たそうとし、十数年の年月をかけたその思いを、嘉永《かえい》五年壬子《みずのえね》歳（一八五二）の今、ついに成就させたのである。

これほどに故国を慕うのは日本及び日本人ならではの話であり、わが皇国の美談というべきことであろう。

天保十二年辛丑歳（一八四一）の正月のこと。土佐の高岡郡宇佐浦西浜［現・高知県土佐市宇佐町］に筆之丞《ふでのじょう》という三十八歳になる漁師がいて、数人の漁師仲間といっしょにこれから漁に出ようとしていた。

筆之丞の漁師仲間というのは、弟の重助《じゅうすけ》二十五歳と、その下の弟の五右衛門《ごえもん》十六歳、近所の漁師寅右衛門《とらえもん》二十六歳、そして幡多《はた》の中ノ浜［現・土佐清水市中浜］から来ている若者で万次郎《まんじろう》十五歳の四人。宇佐浦の住人、徳右衛門《とくえもん》の持ち船を借りて、つごう五人が乗り組んでの出漁である。

正月の五日の巳の刻［午前十時ごろ］、長さ四間あまり［約七メートル］という小船に出漁期間の食料として米を二斗五升とそれに見合う薪と水を積みこみ、土佐湾に続く宇佐浦を出港した。

西の方に舵《かじ》を取り、ハエ縄漁に従事、五日のその夜は、同じように出漁中の多くの漁船といっしょに興津の西方に停泊。

翌六日に、佐賀浦《さがのうら》から十五里ほどのところにある縄場洋《なわばおき》という漁場に向かい、そこで小魚を十四、五尾釣った。そのあと、井ノ岬近くの白浜に停泊。釣った魚を煮て夕食の助けとする。

　七日の朝早く、西風にまかせて窪津洋《くぼつおき》から足摺岬《あしずりみさき》の沖五里ほどのところに向かう。そこは漁師仲間が「ハジカリ」洋といっている海域で、なかに「シ」という漁場がある。

　その「シ」漁場の海底には数十里という長さの海溝のようなものがあって、このあたりではさまざまな魚がもっとも多く集まるところだといわれている、絶好の漁場である。

　ふだんならば他の漁師と同じように、その漁場に向かおうとするところだが、筆之丞を船頭とするこの船にはまだ漁に不慣れな若手が乗り組んでいることから、他の船のようにはいかないだろうという判断をした。そうして、他の漁船と競合する先の好漁場から十数里離れたところで漁をすることにしたのだが、そこでも、しかけたハエ縄でアジがたくさん獲れた。

　ところが巳の刻ごろ［午前十時ごろ］になって、西南西の風が吹きはじめた。空を見上げると、雲が猛烈な速さで飛んでいく。これを見て、他の漁船は急いで帆を開き、ことごとく布崎《ぬのざき》のほうへ逃げ帰るような状況。

　こうしたなか、筆之丞の船も漁の中止を決め、陸《おか》のほうに七、八里ほど漕ぎ寄せることにした。それが、どういうわけか正午ごろになると風は収まり、雲の動きも穏やかになって、また海上の風波も収まっていった。これを受けて筆之丞らは、その場所でまた漁具を出して、ハエ縄漁に取りかかったのである。

それから少し時間がたったころ、こんどは北西の風が激しく吹きはじめた。あたりの海上を見渡しても、なんとなく尋常のようすではなくなってきている。これはまずいぞということで、大急ぎでハエ縄を引き上げ、全員必死の思いで陸をめざして漕ぎに漕いだ。しかし、とうとう日が落ちてしまい、四方が暗くなってしまったことに加えて、間断なく立つ波の潮煙で周囲のようすもまるでわからなくなった。

その上、こんどは北東の風も吹きはじめ、横風によって筆之丞たちの小船は何度も転覆させられそうな状況に陥った。

これはたいへんなことになったぞ、ということで、まずは大事な主櫓《おもろ》が流されないように取り外し、ありあわせの鉈《なた》で船梁《ふなばり》に穴を開けてそれを太縄でくくりつけようと悪戦苦闘。しかし、そうこうしているうちに、なんと、主櫓が半分に折れてしまった。

主櫓が折れてしまい、いったいどうすればいいのかと混乱しているところへ、さらに追い打ちをかけるように、こんどは予備の櫓まで海に流されて、あっという間に見失ってしまうというような始末で、事態は悪化の一途となる。

こうなってしまうと、もうどうにもならない。風浪に翻弄《ほんろう》されるなか、力尽き果て、身体は疲労困憊《こんぱい》、乗組員全員、ただただ呆然とするのみであった。

それでも船頭の筆之丞はなんとか事態を打開すべく、桁を立て、隅帆を開き、波を真後ろに受けるようにして、風波まかせで船を進めようとしたのだが、風の勢いは増すばかり。それに加えて寒気もいっそう強まって、みな凍えて震えるばかり。

そうしたなか、筆之丞は一人で必死に舵を取っていたが、けっきょくそれも空しく、船は南東の方角に向かって矢のように流されていくのだった。

翌一月八日の夜明けがた、早くも空が白みはじめたころ、室戸岬《むろとみさき》の地形と人家が見えるあたりまで流されてきていることがわかった。一晩で、土佐湾を西から東まで流されてきたわけである。

土佐の東南端、室戸岬のこのあたりは昔から捕鯨で知られた土地であり、鯨発見のための「山見」という見張り小屋が見晴らしのよい山端に設置されているとのこと。その「山見」には鯨の出現を見張っている役目の者がいて、彼らは非常に遠目の利く人たちだと聞いているから、もしかしたらこの小船も見つけてくれて、助け船を出してくれるやも知れぬと、そのときはそうした一縷《いちる》の望みをもったのだった。

しかし、助け船は来ない。昨夜の大嵐の騒動のなかで、櫓楫《ろかじ》を失ってしまったので、陸地の方に近寄る手立てもない。なんとかならないかと思案しているうちに、あっというまに室戸岬も後方に過ぎ去っていき、こんどは紀伊半島の山々が遠くに見えてきた。しかし、筆之丞、万次郎らを乗せた小さな船は、もうどうしようもなく洋上はるかに流されていくばかり。ただただ波風にまかせるしかなく、乗組員一同、みなで神仏のご加護を願い祈るのみ。

九日になって北西からの風になったが、それも十日の明けがたには北東からの風に転じた。ただ、雨模様になってきたので、木っ端を集め、板切れを割って火をおこし、粥《かゆ》を炊き、獲った魚を焼いて、みなで食べた。降っていた雨は、しばらくしてみぞれとなったが、これを手に受けてのどの渇きを癒やした。

気がつくと、風はふたたび西風に変わり、潮の流れは、西北西より東南東に向かう急流となっていた。八丈島方面への海域に「黒瀬川」「黒潮」といってほんとうの川の急流のように流れの速い潮流があると聞いていたが、きっとこの潮の流れがそれに違いない。たしかに、筆之丞たちの乗った小船はまるで奔走しているような感じで流されていくのであった。

十一日、十二日とも西北の風が吹きやまず。

十三日、昼ごろに、南東の方角にサザエのような形をした孤島を発見。このとき、船に積みこんでいた米や獲って食料としていた魚も食べ尽くしていたし、そのうえに喉の渇きも加わって、もう耐えがたいほどになっていたので、その南東の方角に見えたものがたしかに島ならば、すぐにでも上陸して心ゆくまで水を飲みたいと切に思ったのだった。

一刻も早く水を飲みたい。それができなければ今すぐ海に飛びこんで死んでしまったほうがましだ。これは、船頭の筆之丞以下、乗組員全員の気持ちだった。

みな一斉に立ち上がって、帆桁を帆柱代わりに隅帆を開いて西北の風を真後ろから受けるように操作して、必死にその島影をめざした。しかし、風は西からではあるけれど潮の流れは反対の東からというわけで、船はなかなかめざす方向には進まず、かえって沈没寸前になってしまう始末。

悪戦苦闘の末、日暮れのころになってやっと島の北部あたりに近づいたが、鋭い岩礁が林立していて、簡単に上陸できるような状況とはみえない。けっきょく、折れた櫓を縄で縛ってなんとか漕げるように応急処置をして、それでもって島の周囲をぐるりと漕ぎめぐってみて、やっと平坦なところがある磯を見つけ出した。そうして、その磯の二丁［約二百メートル］ほど沖合にイカリを下ろして、やっと船を停泊させたのである。

そのころには風もようやく収まっていた。そうしたなかで、五人で船首のほうに集まって夜の明けるのを待った。それも、ただ時間のたつのを待っていたのではなく、漂流中にやっていたように雨水を掬《すく》い、魚を釣って、これからどうしようかなどという話をしながら、夜の更けていくのを過ごした。

ようやく十四日の朝を迎えた。その停泊地は魚がよく釣れるところで、少しのあいだに「アカバ」という磯魚を数匹釣り上げて、みなでこれを食べ尽くしたりしているうちに、あっというまに昼になってしまった。

せっかく島のすぐそばまで漕ぎ寄せたのだ。こんなところで時間を費やしているときではない。時間を無駄にしている場合ではない。いま、このときこそみずからの命をかけて上陸を果たすときである、と決意を固めた五人は、思いきってイカリの綱を切り、船を岩場に乗り上げさせた。

そうして、その船から寅右衛門、五右衛門、万次郎が先に海に飛びこんだ。続いて船頭の筆之丞と弟の重助が海に飛びこもうとしたときに、座礁していた船が波に持ち上げられて転覆。船が筆之丞と重助の上に覆いかぶさるような形になってしまった。

これはいかん、このままでは二人は溺れ死ぬのかというところに、また新たな波が押し寄せてきて船を再度ひっくりかえし、元の形で浮かぶように戻してくれた。その隙に、筆之丞と重助は岩の上に上がることができて命拾い。ほっとして後ろをふりかえると、船は波にもまれて木っ端微塵《みじん》に砕けてしまって、波間に板きれが散らばって流れているのであった。

こうして筆之丞と重助は窮地を脱したものの、この一連の動きのなかで重助が脚を骨折してしまった。重助は、耐えがたい苦痛に目もくらむばかりの状況にあったが、先に上陸した者たちが大きな声で励ますなか、ようやく気力を取り戻して、どうにかこうにか島にたどりつくことができた。天保十二年（一八四一）一月十四日のことである。

乗組員全員が島に上陸した後のこと。歩ける者は歩けるままに島をめぐって、どういう形状の島なのか、つぶさに見てまわった。そうして集めた情報を元にしてわかったのは、次のようなことである。

つまり、この島の周囲はおよそ一里ほどであること、全体がゴツゴツとした大きな岩石でできている大石山になっていること、植物としてはグミ、チガヤ、イバラといったような草木が至るところに生い茂っていること、そのほかの樹木も生えてはいるが、どれも小さく低く、高さ五尺［約一・五メートル］以上のものはないというこ

無人島（鳥島）東面の図。「John Mung（ジョン マン）」のサインがある。このサインには写本ゆえの形の変化が見られる

と、などであった。

みなでやった島の基礎情報の収集のなかで最大の関心事は、食べるものがあるのかどうか、飢えをしのぐのに役立つものがあるかどうかであった。

たとえば、イタドリの新芽は食べられるものではあるが、島でそれが生えているのは壁のようにそそり立った岩の上。これでは、あったとしても採集は不可能であり、食料と考えるわけにはいかない。

このイタドリの岩場をすぎて西南の方角に進むと、大小さまざまな鳥が群れている場所があって、そこで土佐で「トークロー」と呼んでいる鳥の営巣地を発見した。トークローとはアホウドリのことだが、その営巣地には二千羽以上とも見えるおびただしい数のアホウドリがいて、彼らの巣窟のなかには雛の姿もあった。

また、アホウドリの営巣地のそばには洞窟がひとつあって、みなで腹ばいをしながら洞のなかに入ってみると、そこには高さ九尺［約二・七メートル］、一丈五尺［約四・五メートル］四方ほどの広さの空間があることが確認できた。

こうした状況を得て、「ここに群れている鳥を食べ、ほどよい空間をもつこの洞窟を住処《すみか》として雨露をしのげば、とりあえずは生きていける。しばらくは命をつなぐことはできる」と、筆之丞たちは判断した。

それから、まず海辺に打ち寄せられた船板などを拾い集め、それを洞窟のなかに敷き詰めて、自分たちの寝所とした。

次は食料の確保だが、棒切れをもって鳥の巣窟のある場所に行き、アホウドリその他の鳥をその棒で打って捕獲。これを持ち帰って漁具を刃物にして皮を剝《は》ぎ、石で肉をつぶして、日当たりのよい岩角に置いて鳥肉の乾燥肉にした。みなでこれを鳥肉の石焼きと呼んだ。

このようなことで住居と食料にめどがつき、ある程度安定的にこの島での生活を送ることができるようになった。そうしてその後の日々を重ねながら、上陸して以来、気がつけばあっというまに百日以上の時が過ぎ去っていたのである。

その百余日のなかで、じつは六十～七十日ほども雨が降らない期間があって、岩間に一滴の水も見つけられないという日もあった。そうなると、どうすることもできなくて、みなそれぞれ自分の小便を手に受けてこれをすすって渇きを癒やしたりもした。しかし、もともと水不足状況のなかでは少ししか水分を体内に入れていないわけで、小便といっても出る量はわずか。それをすすったところで渇きが収まるわけがない。そういうときは、一同ただただ、苦しみのときをすごすのみであった。

ある日のこと、船頭の筆之丞は万次郎を連れて水と食物を探しに出かけた。道なき道を進み、険しい岩場を登りきって上部に出てみれば、そこには広々とした草原があった。さらによく見てみると、二、三尺の楕円形に石を築いた場所があることがわかった。また、古い井戸もあって、その底には濁り水が少しばかりたまっている。そして、その古井戸のそばには二基の古いお墓も建てられていたのである。

これを見て、筆之丞は、以前に自分たちと同じように漂流したあげくにこの島にたどりついた人たちがいて、かなり長くここで暮らしていた証拠なのだろうと推察した。そして、ここからの脱出がならず、やむなく死んでいった人たちの墓がこれなのだと考えた。

そのことは、とりもなおさず自分たちの運命の先行きを示しているようでもあり、思わず念仏を唱えながら墓に向かって合掌した。

この島に漂着し死んでいった先人たちに思いを寄せて涙を流しながら、筆之丞と万次郎はまた険しい道をたどって岩場の洞窟住居まで帰ってきた。

二人は岩場の洞窟で待っていた他の者たちに事の顚末《てんまつ》を報告。それを聞いて、みな、やがて自分たちもそういう風にこの島で餓死していくのかということや、またのちにそのことを知った人たちが涙してくれるのだろうかといったことなどに思いがいたり、おのずと泣けてくるのであった。

四月のある日、突然の地震があった。夜になってますます鳴動激しく、洞窟のなかにバラバラと砂や石が落ちてくる。これは危ないということで逃げだそうとしたときに洞窟の出入り口に大量の石が崩れてきて、われらの運命もここまでかと、五人で抱き合いながら恐怖に震えていた。

ようやく揺れが収まり、夜も明けてからのこと。洞窟の出入り口を見れば、そこをふさぐように巨石が落ちている。これを見て、一同は驚くとともにその下敷きにならなかった運のよさ、運の強さも感じて、みなでそのことを喜び合った。

そして、こういった凶事が起こることもあれば、別のときにはまたよいこともあるだろう、きっとそうあってほしいとみなで願い、神仏に祈った。

六月の上旬、前夜が初三日月だったころのこと。夜明けに目覚めてしまった五右衛門が、もう一度寝るのがむずかしく思って、そのまま日の出どきに起きだして広々とした海上を眺めているうちに、南東の方角になにやら「動くもの」を発見した。

それは山のようでもあるし、雲のようでもある。はて、なんだろうかと見つめているうちに、ようやく動きはじめたのを確認、五右衛門は「これは船にちがいない」と考えて、急いで他の四人を呼び起こした。そして、「三月ごろにも、早起きして海を見ているときに東の方角を北へ進んでいく大型船を見つけたことがある。いま見つけたものも、この前に見たものと同じで、大型の帆船にちがいない」と言うのであった。

五右衛門に急に起こされた他の四人は、頭を振りながら、最初は「ほんとうか」「なにかのまちがいだろう」などと言っていたが、その「動くもの」が徐々に近づいてきて、彼らから三里ばかりのところまでやってきたとき、それがほんとうに大型の外国船だということがわかった。

いまこそ、天運の時、来たれり！　そう思ってみなで喜び合いながら、五右衛門の視力のよさを褒めた。しかし、そうこうするうちに、その船は、北東の方角に通りすぎていってしまったのである。

もとより、その船はこの島のはるか沖を航行しているのだから、島から船に向かって手を振ったとしてもわかるわけがない。

この残念な結果に、寅右衛門をはじめ他の者も力を落とし、泣きながら住処の洞窟に帰り、あとはため息をつくばかりとなった。

島に上陸以来、このころになると、水の確保に苦しむだけでなく、食料の頼みの綱であったアホウドリその他の鳥の捕獲も、ほとんどの鳥が雛の巣立ちとともに島を去ってしまったためにむずかしくなっていた。

魚も海辺にいることはいるのだが、鳥の皮を剝ぐために使っていた漁具もなくなってしまったし、他の道具もないので、どうにもならない。海から得るものといえば海藻とか貝類のみ。それらを口にしてなんとか飢えをしのいでいる、といった苦境に陥っていたのである。

そうしたとき、万次郎が磯で貝を採っていると、先ほどの外洋船から下ろされたボートが二艘、それぞれに帆を張ってこの島をめざしてやってくるのが目に入った。

万次郎は大声をあげて、「助け船が来たぞ！」と叫んだ。

その声を聞いた寅右衛門と五右衛門が帆桁の壊れた物を持って走ってきて、そこに五右衛門の着ていたものをくくりつけて高く掲げた。すると、それに気がついたのか、近寄ってくる二艘のボートの船員も帽子を振って応え、ほどなく、すぐ近くまで漕ぎ寄せてきたのだった。

二艘のボートのそれぞれに長髪の船員が六人乗っていて、なかには縮れ毛頭の黒人もいた（もともと二艘のボートは、この島が魚がたくさん獲れるところだと知っていて、食材の魚を獲りにやってきたのであって、筆之丞以下の漂流民を救助にきたのではない。ただ、助けを求める人たちがいることがわかったので、近寄ってきたのだ、ということは筆之丞たちにも了解できた）。

そのボートの人びとは、寅右衛門たち三人に向かって救助の意思をしぐさで示し、こちらの船に乗れよ、と伝えてくれた。これを見た寅右衛門、五右衛門、万次郎の三人は恐れの気持ちもありつつも、けっきょく着ている物を脱いで、泳いで向こうの船に乗り移った。すると、こんどはその外国人船員たちが「おまえたち三人のほかに、島に人はいないのか」と身ぶり手ぶりで尋ねてくる。

万次郎らは、これに応えて、住処の洞窟のほうを指さしながら「われわれの他に、あの洞窟にまだ二人いる」としぐさで伝えた。すると、もう一艘のほうに乗っていた黒人たちが、洞窟めがけて走ってゆくのだった。

重助は、島に上陸した際にけがをした脚がまだ治りきっておらず、洞窟のなかで横になりながらみなの援助を受けて日々をすごしていた。また、筆之丞もこのとき飢餓のために疲れ果てて歩くのもままならず、重助の看病をしながらいっしょに静養しているといった状況。そうしたなか、「助け船が来たぞ！」という万次郎の声を聞いて、なんとか洞窟の外の磯辺に出たものの、そこから動けず、どうなることやら、と事態の推移を見守っていたのである。

そこへ、鍋墨を塗ったような真っ黒な外国人が洞窟までやってきて、なにやら話しかけてくる。しかし、まるでなんのことやらわからない。そのうち、黒人のひとりが筆之丞を抱き上げようとする。筆之丞はびっくりして逃げようとしたのだが、放してくれない。

もうひとりの黒人が、身ぶり手ぶりで万次郎たち三人はすでに自分たちが乗ってきたボートに救助されていることを伝え、筆之丞らを安心させたうえで、重助をいっし

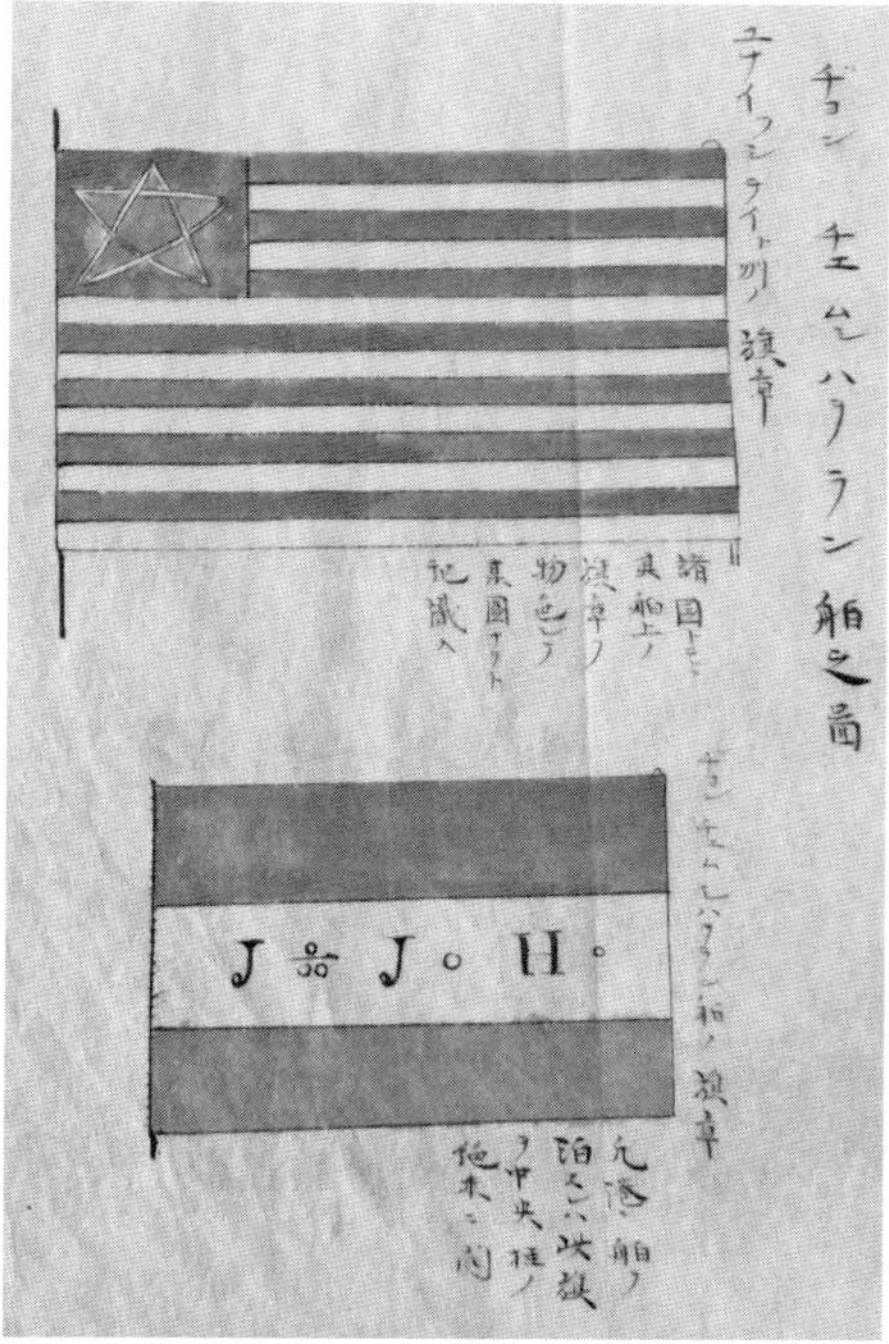

万次郎らを救助した捕鯨船ジョン・ハウランド号に掲げられていたアメリカ合衆国旗と社旗（下）

よに介抱しながら、這うようにして磯辺まで出てきた。そうして、筆之丞も重助もボートから投げられた縄に体を結んで、やっと船上に助け上げられたのだった。そして、ほどなく、二艘のボートは沖に停泊している本船に漕ぎ寄せていったのである。

こうして筆之丞一行は、思いもよらぬ形で無人島より助け出されることになり、これはまるで夢か幻のようだと思っているうちに、彼らを乗せたボートは大きな本船に近づいていった。

本船のその船体を見上げれば、長さ三十間［約五五メートル］、幅六間［約一一メートル］ほどの大きさで、帆柱三本を立て、ボート八艘を積載し、蜘蛛の巣のように縦横に綱や縄を張りめぐらせ、そこに白帆が数十張といった偉容。その帆すべてが風を受けている姿は山を仰ぐようであり、まさに壮観というほかはない。

筆之丞以下、五人全員が船員に助けられながら本船に乗り移った。そこで彼らが目にしたのは、仏像を納める厨子《ずし》のような華麗さをきわめた居室と、そこに居並ぶ船長以下、船員たちの堂々たる姿であった。そして、その荘重なようすからは近寄りがたい雰囲気が醸《かも》し出されていた。

船長が筆之丞たちをそばに呼んでなにかを問いかける。筆之丞たちは、たぶんどこの国の者なのか尋《たず》ねているのだろうと推測して、「われわれは日本人である」と答えた。すると、寒さや飢えに耐えてきたことを憐《あわ》れんでくれ、衣服を五人分出してくれて、これを着るようにとしぐさで示すのであった。

　このとき、炊事係の男が甘藷《かんしょ》［通常はサツマイモを指すが、このとき実際に何のイモであったかは定かでない］の煮物を筆之丞たちに出してくれたのだが、船長は、長いあいだ孤島で飢えた暮らしをしていた人間が急に腹一杯食べると身体によくないことを心配して、その炊事係の男の気の利かなさをきつく叱責した。そして、筆之丞たち五人に出されていた食事をひとまず取り下げさせ、あらためて少量の豚肉とスープ一椀を与えてくれたのである。

　そのあと、おいおい食事も普通の状態になっていき、朝晩はみなと同じ「アレーテ」という餅のようなもの［蒸しパンの類］、昼食は船員たちとは別に、日本人だからということでおいしい米飯を出してくれた。筆之丞以下一同、ありがたくこれをいただいた。

　筆之丞らを助けてくれたこの船は、「ノヲスメリケ《北アメリカ》」「ユナイッスナイ《合衆》」国「ヌーベッホー」［＝アメリカ合衆国ニューベッドフォード］の捕鯨船で、油樽を六千個、ウシとブタを数匹、雑穀、それに大砲二門、剣付き銃三十丁を載せ、これを船長以下三十四名で運航しているとのこと。

ジョン・ハウランド号の全容

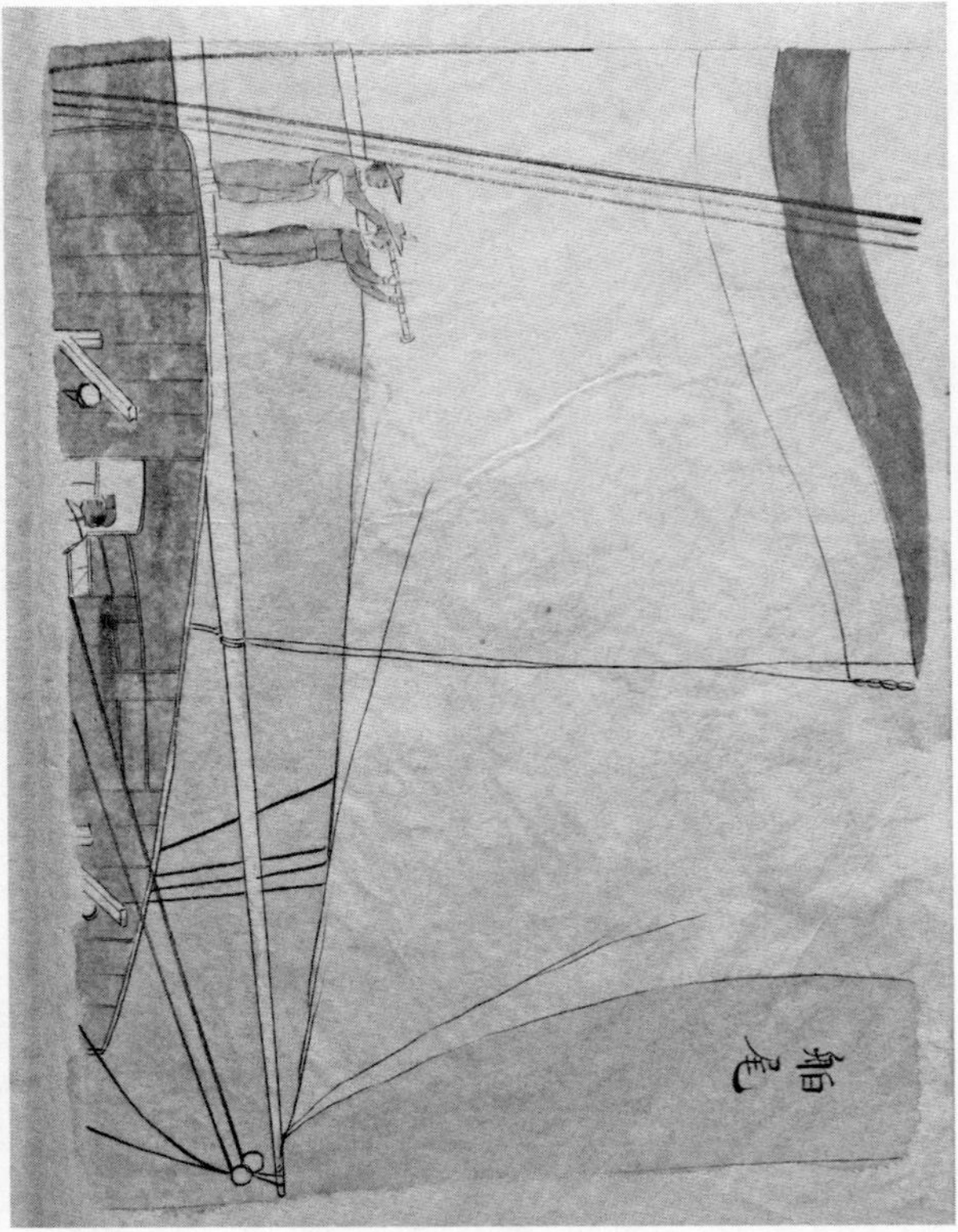
船尾

ジョン・ハウランド号の船尾部分

船の名前は「ヂョンチュイムシハウラン」［ジョン・ジェイムズ・ハウランド］、船長は「ウリュンェイチフィツフピール」［ウィリアム・エイチ・ホイットフィールド］といって、先のニューベッドフォード［アメリカ東海岸、マサチューセッツ州の港町］の隣町である「フハーヘーブン」［フェアヘブン］の人であった。

船長は四十がらみの男で、肌は白く、真っ黒な髪を後ろになでつけて揃え、口ひげはきれいに剃っている。衣服は「ハルレ」という上着を着て、「ツラロジ」（ハワイの「オッアホー」［オアフ］ではハツエルレと呼ぶ）という袴《はかま》のようなもの［ズボン］をはいている。

その五尺あまりの身体はすっきりしていて、まるで貴人のように見えたものである。

筆之丞たちは、このように外国人に助けられたからには、このあと、どのようなことになるのかわからないけれど、命を大切に生きよう、命さえ長らえておれば、のちのち日本に帰る手立ても見つけられるかもしれないと考えて、ともあれという思いとともに、みなで、ほっとした気持ちを確認し合ったのであった。

翌日になって、船長がボートを下ろして万次郎を乗せ、島に向かわせようとした。万次郎は、自分だけまた島に戻されるのかと思ってびっくりし、恐れて、泣き叫んだ。それを見た船長が身ぶり手ぶりで「着るものなど、島に残してきたものがあれば取ってくればよい」ということを示したところ、万次郎はようやく船長の気持ちを理解し、頷《うなず》きながら、島の洞窟のほうに向かっていった。

　洞窟に残っていた使える道具などをもって、万次郎が大急ぎで帰ってくると、捕鯨船ジョン・ハウランド号はほどなく島を離れた。

　針路は北。そして、日本の東海あたりから鯨を追って東南の海洋へとまわり、その六ヵ月の航海の中で、鯨を十五～十六頭捕獲した。

　さて、その間、筆之丞たちはどうしていたのか。この捕鯨船の捕鯨の方法、手法などをくわしく観察していたのである。

　アメリカ合衆国の捕鯨船ジョン・ハウランド号は、どのように捕鯨漁をやっていたのか。まず、鯨がやってくるのを発見するためには、見張り係が高い帆柱のてっぺんに登り、望遠鏡で広い海の四方の見張りを続ける。次に、鯨発見となると、見張り係は下に向かってその旨を知らせ、これを受けてすぐさまボート［キャッチャーボート］を四艘下ろす。それぞれのボートに乗り組むのは、銛打《もりう》ちが一人、船長や一等航海士といった幹部船員が一人、漕ぎ手が四人。幹部船員が船頭となって舵を取り、漕ぎ手が櫓を漕いで、目標の鯨めざして海上を飛ぶように進んでいく。

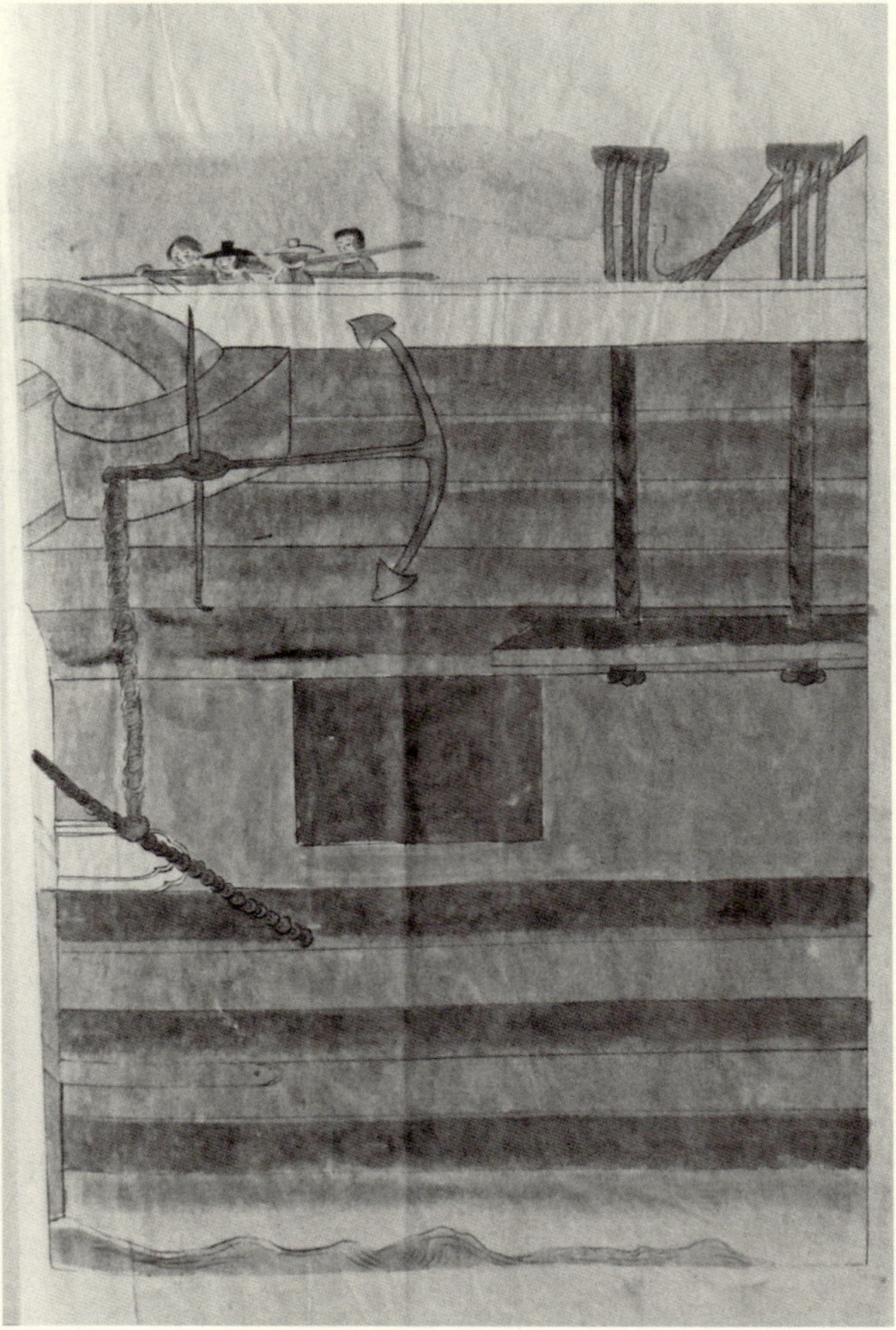

ジョン・ハウランド号の船首部分。船号が見える

いよいよ鯨に近づくと、銛打ちの男が鯨の背中にある急所に狙いを定めて銛を打ちこむ。しかし、鯨のほうも簡単に捕獲されるわけではない。銛を打たれたあと、あるものは一気に真下の海底に潜りこみ、またあるものは波を立てて走る、といった暴れようを見せる。

ボートに乗った者たちは、こういった状況をよく把握して、早々に引き下がって危険を回避したり、また機会をみて銛を打った鯨に近づいたり、といった行動をとる。銛がうまく急所に当たったときは鯨はすぐ死ぬのだが、急所をはずして鯨が大暴れしたときなどは再度銛を打ち、槍のようなもので頭を突き刺して、ようやく仕留める。

仕留めた鯨は、その尾を本船につなぎ、頭を切ってろくろに引っかけて、船内に引き上げる。その状況で、ひとりの男が鯨に飛び下りて、皮に穴を開けて綱を通し、船上から長包丁で皮に切れ目を入れる。そのあと、皮に通した綱をろくろで巻き上げ、切れ目から皮をはがして船内に入れていく。そして、肉は不要とみえて一顧だにせず海に落とし、そのまま捨ててしまう。

いっぽう、船上に引き上げた皮や尾のほうは、細かく小さく切り分けてから、甲板に据えた大鍋で煎じ、鯨油を採る。これが、彼らの捕鯨の第一の目的である。

皮の煎じカスは溜めておいて、火をたくときの薪や炭の代わりにするというわけで、他の燃料を積みこむ必要はいっさいない。

十月ごろになって、北太平洋の中央部、ハワイ諸島のうちの「オアホー」「＝オアフ」島の港に入った。そこで三十日ほどすごすなかで、筆之丞たちは船長のホイット

ジョン・ハウランド号の乗組員

フィールドに引率されて島に上陸し、「ダッタチョージ」「ドクター・ジャッド」の家を訪問した。

挨拶のあと、ホイットフィールド船長は「こんどの航海において、ふしぎな縁に導かれてこの人たちを救助したのだ」と筆之丞一行との顚末を説明すると、ドクター・ジャッドは筆之丞らにたいして「合掌したりお辞儀をしたりする国の者か」としぐさで問いかけた。

さらに重ねて、一朱銀二十枚、二朱金一枚、寛永通宝銭一文、それに日本製のキセル一本を出して、「これらの品物をつくっている国の者か」と、しぐさで尋ねる。これを受けて、筆之丞が「そのとおりだ」としぐさで答えると、ジャッドは頷きながら次のようなことを教えてくれた。

「この銀銭などは、八、九年前、大坂の人の船が漂着したときのもので、船頭は死亡したけれど、他の乗組員は『ハリリョー』という人の世話になってアメリカ《メリケ》船に頼み、中国経由で日本に帰った。その人たちが残していったのが、これらの銀銭やキセルである」

「あなたたちについても、きょうホイットフィールド船長の依頼があったので、われわれがお世話をしてあげよう」

ジョン・ハウランド号の装備や漁具（49頁まで）

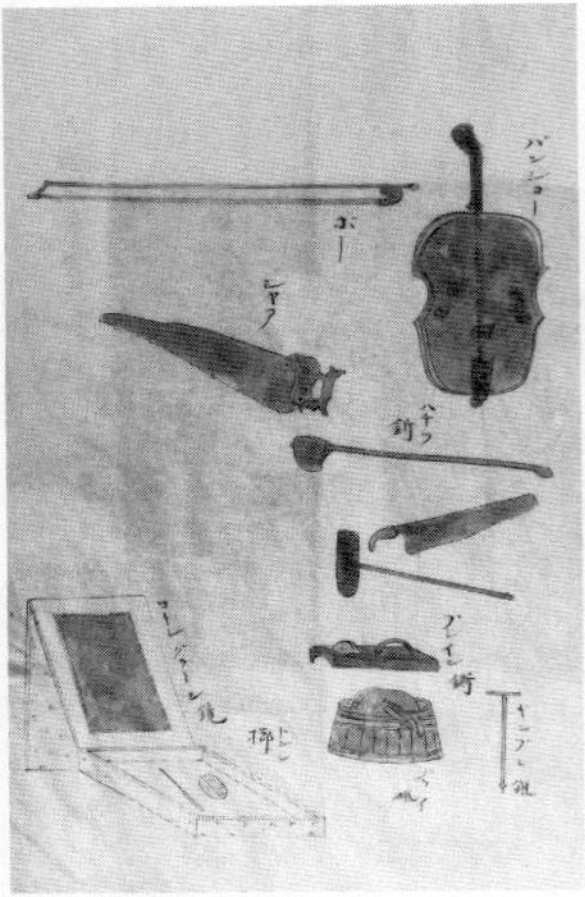

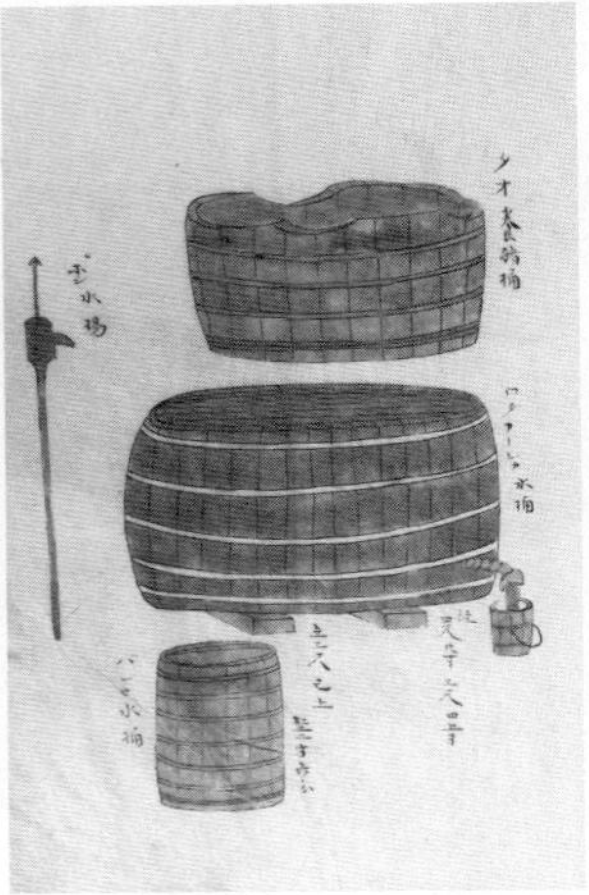

ドクター・ジャッドはこういう話をしぐさでくりかえしながら、伝えてくれた。彼はもともとはアメリカ《メリケ》人で、この地にやってきて医師として要職についている人物。妻は「ヲヒネ」、娘は「キナウ」といい、召使いを五人ほど使っているとのこと。

その後、地域の役所に行くと「ツハナハワ」という名の取締担当役人が取調室に入るよう指示し、その人も、しぐさでもって筆之丞らに漂流のおおよその顚末を尋ねた。その後、筆之丞たちは、役所の五軒東にあるツハナハワの部下の「カウカハワ」の家に預けられることとなった。

カウカハワの弟に「チョチョ」とい

船長あるいは船員の妻の写真

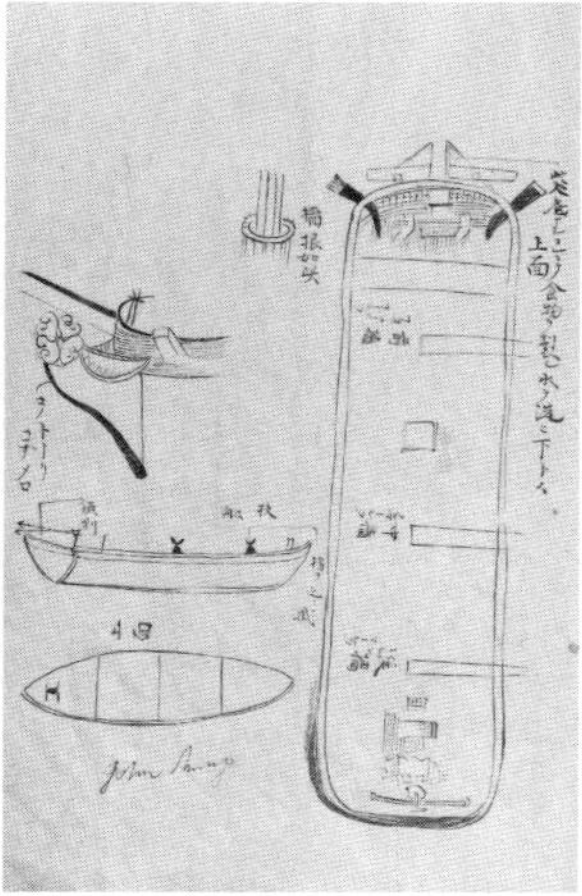

う、のちにアトワイの役人の長になった人物がいた。この人は誰にたいしても愛情深く接する温厚な性格の持ち主で、なんらかの形で彼の世話を受けなかった人はいなかったと言われる。

　こうして筆之丞らのハワイでの住まいが定まると、ホイットフィールド船長は上着やズボンなどの衣服十着をつくらせ、それに加えて「ハスダラ」〔half dollar〕銀貨五枚を彼らに贈った。また、捕鯨船の他の船員たちからも五人にたいして上着が贈られた。

　このあと、再度ホイットフィールド船長がやってきて、筆之丞らにたいして、このように状況が落ち着いたのだから安心して暮らすようにと言い、いっぽう

で、万次郎については母国のアメリカ《メリケ》に連れていって養育をしたいと思う、と言った。そして続けて、ぜひこの希望を了解してほしい。万次郎のことをけっして粗末に扱わないし、きっと大事にするから、とも言葉を加えた。

これを聞いて筆之丞は、よく考えた。こんな遠い異国までいっしょに流されてきた仲間と、ここでまた別れ別れになるというのは納得できることではない。しかしいっぽうで、これは命の恩人であるホイットフィールド船長の願いである。また船長の親切心と愛情の深さはよく知っている。この願いもまた彼の愛情のあらわれなのだろう。

筆之丞は、このように理解した。

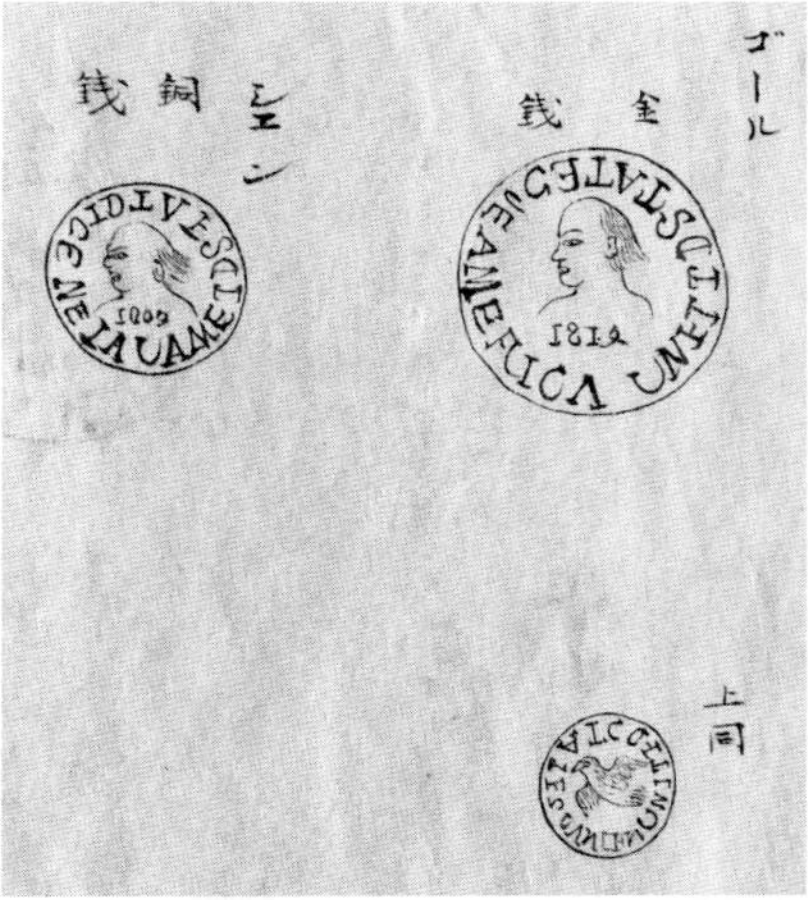

アメリカ通貨

そうして、筆之丞は船頭として「あとは万次郎の気持ちしだいだと思う。どうするかは万次郎自身が決めればよい」という結論を出したのである。

漂流民一同の船頭である筆之丞のこの「答え」を聞いたホイットフィールド船長はおおいに喜び、一行のなかから万次郎ひとりを連れ出し、いっしょに本船に向かって帰っていったのであった。この件は、巻之三に続く。

漂巽紀畧　巻之一　終

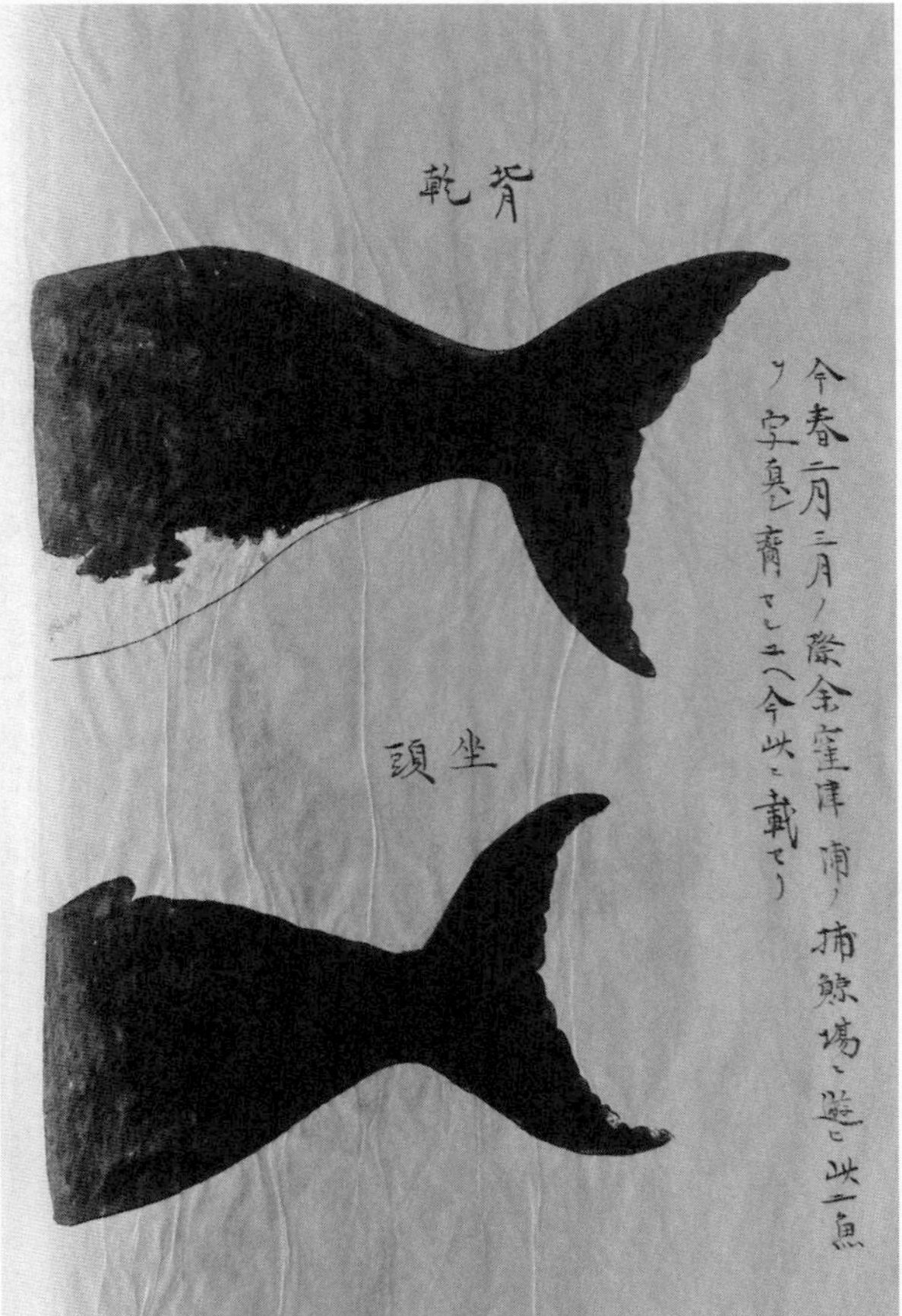

背乾
坐頭
今春二月三月ノ際余室津浦ノ捕鯨場ニ遊ビ此ニ魚ノ字真シ齎シテ二ヘ今此ニ載テリ

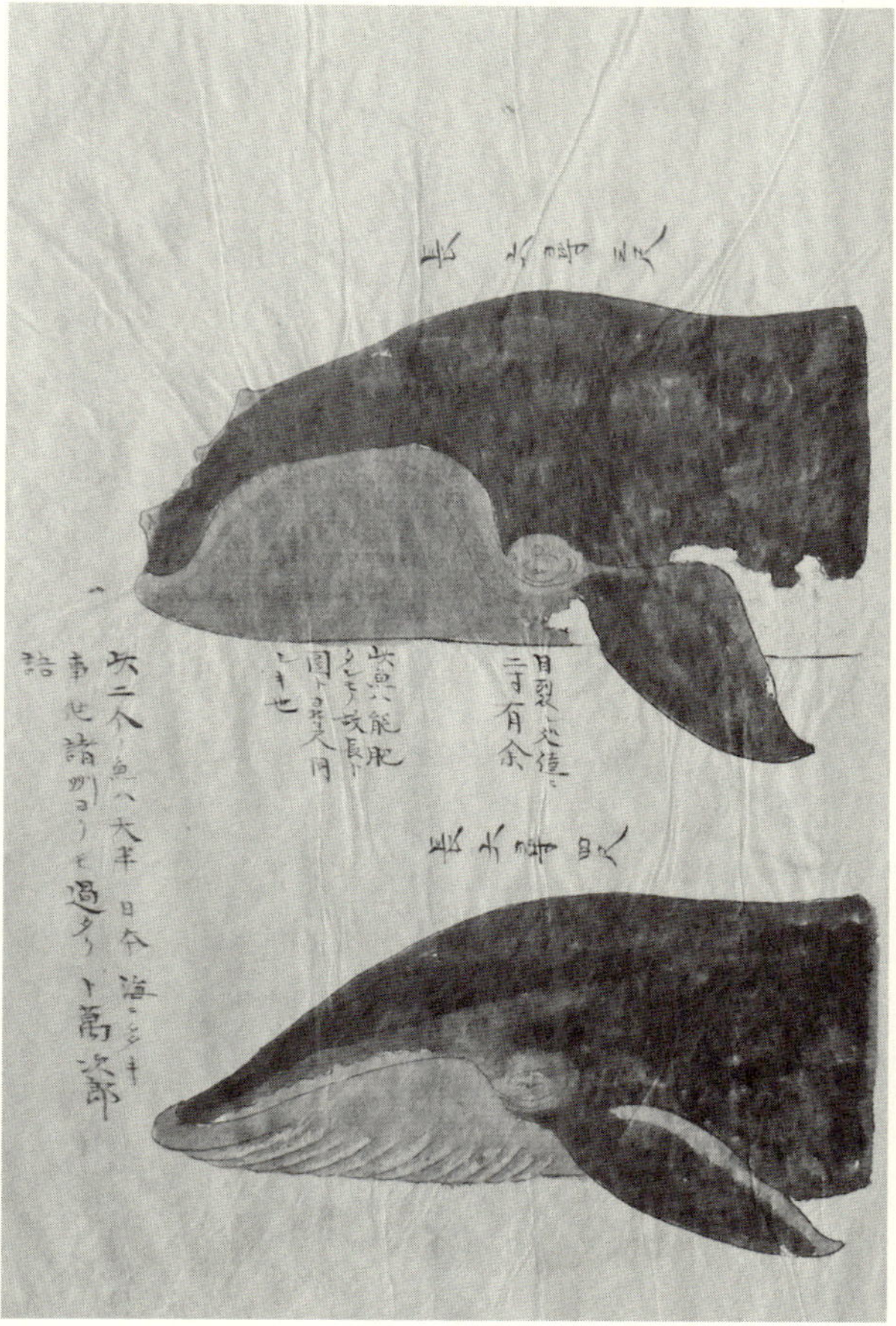


土佐沖でもザトウクジラなどが見られた

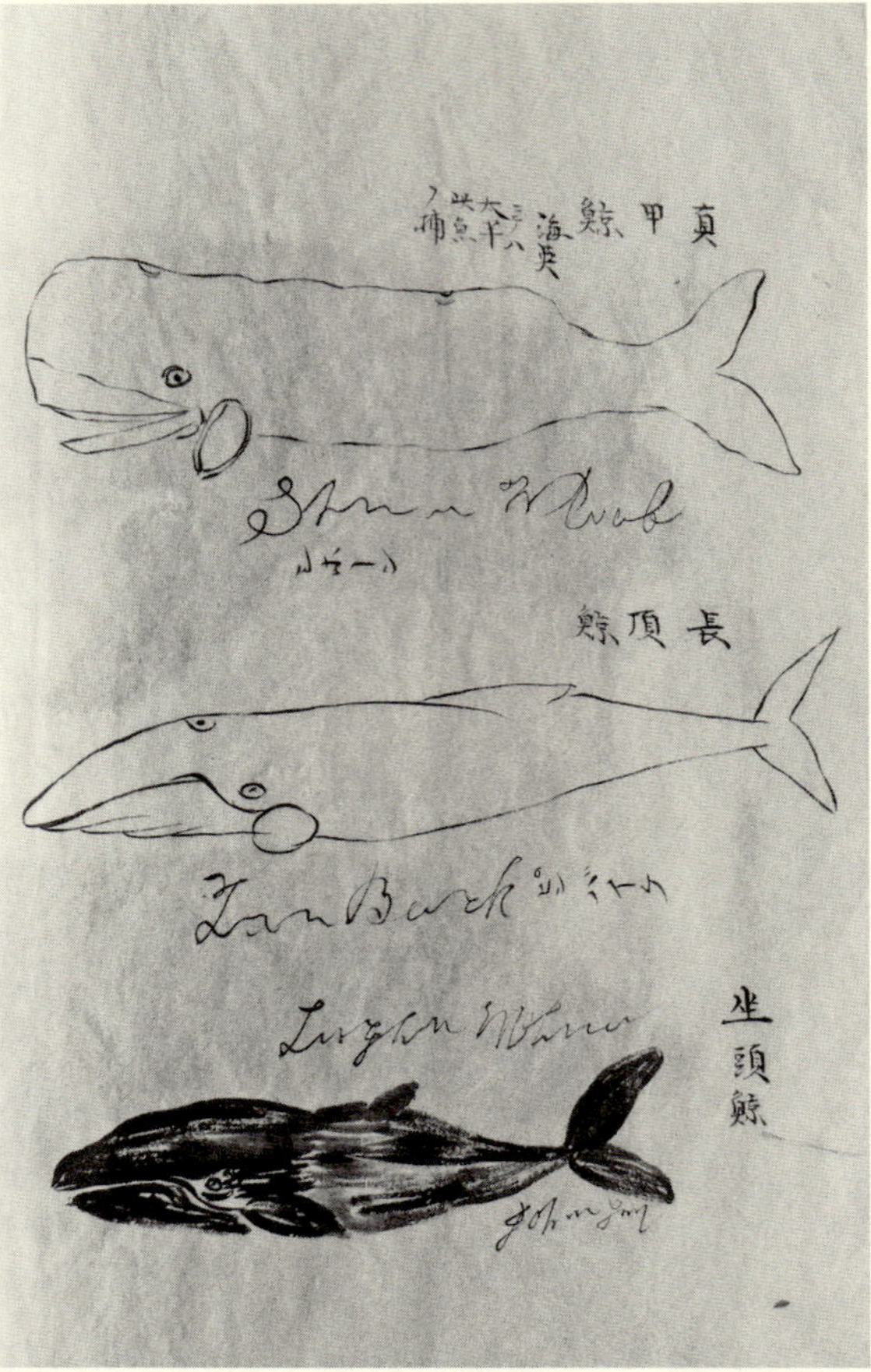


アメリカ船による捕鯨の対象となったマッコウクジラやザトウクジラの図

# 巻之二　伝蔵と五右衛門兄弟、苦労して帰国を図る話

天保十二年辛丑歳《かのとうし》（一八四一）のことである。

筆之丞たちは、「オアホー」〔オアフ〕島にやってきて以来、この島のさまざまなことを見聞した。そうしてわかったのは、まずこの島の周囲は七十里あまりであり、その海岸線には五十の港があるということである。

なかで、「ソーハッホー」〔サウスハーバー〕と名づけられた港には、天候の好転を待つ「イュウロッパメリケ」〔ヨーロッパ・アメリカ〕などの船が多数停泊していた。「ハナロロ」〔ホノルル〕と呼ばれる首府には島の王が王宮を構えており、りっぱな港もある。ここ二、三年の事情でいえば、アメリカ本土の「キャリフォネ」〔カリフォルニア〕で金鉱の採掘が始まったことにより、かの地とこの島を行き来する船のほとんどがホノルルに寄港することになっていて、そうした船の重要な停泊地としてこの港町は広く認識されるようになったようだ。

こういう事情を背景にして、西洋や中国をはじめとするアジアの諸国からもたらされる新たな物品や織物などさまざまな商品を扱う店が増えていき、しかも年々繁盛していて、いまやその数二千軒以上という盛況ぶりを示している。

ホノルルの市中には島の王「キニカケオクョー」「ケクアナオワ。カメハメハ三世」の城塞がある。堅固な構えに宏大な楼閣を備えた威容で、その楼閣の第一層は遠くから見ても数百人を収容できそうな大きさであることがわかる。

王の城塞の外側には、ツワナハワ、カナイナといった高官、重臣の屋敷やフランス系の人びとの大きな教会が並ぶ。それらの荘重な建物にはみごとな石造りの高楼があり、その窓扉のすべてにはガラスが用いられていて、瀟洒《しょうしゃ》なこと比類のない美観を誇っている。

ホノルルに次ぐ大きな街は南の海岸にある「マカイ」である。この、「浜」を意味する言葉で呼ばれる街には、千軒を数える人家があり、街のなかには魚市がある。「ポレレバ」という繁華街は、首府ホノルルに劣らない賑わいを見せている。

この島は、赤道の近辺にあるとはいえ、暑気はそれほどのことではない。ふだんは、日本における晩春から初夏にかけての気候とほとんど変わらず、よほど敏感な人でなければ、とりたてて寒暑を感じることはない。したがって、この島の人びとは、他国に行ったことのある者以外は霜や雪といったものを知らない。

雷鳴も、まれにはるか彼方で響いているのを聞くことがある程度。風は、いつも北東より吹いているが、たまに他の方角よりの風になる。そのときはすぐに雨になり、またそれがほどなく元の北東の風に変われば必ず晴天に戻るのである。

島民のようすについていえば、顔色は黄褐色であり、身長は高く、身体は全体的に大きい。目は垂れ目である。島民が五右衛門とふざけ合っているときに、日本人や中国人はみなこんな風だと言って目をつり上げて笑ったことがある。それに対応して五右衛門は、おまえたちはみなこんな風だと言って目を引き下げたりして応じたのだった。

毛髪は真っ黒で、男は後頭部の首筋あたりで切っているが、女は頭頂部でまとめ髪にし、いろいろな髪飾りを好んでつけている。顔にはおしろいなどをつけず、むしろ素顔の美しさを誇っているようである。

言葉は、ほとんどの場合米語《メリケ》によるが、そのなかに島の方言、ハワイの言語が自然に入っていることが多い。

人柄については、粗雑、乱暴ということはなく、親切であることに加えて節度を尊んでいることがわかる。

オアホー島
馬頭之圖

オアフの港と市街の風景

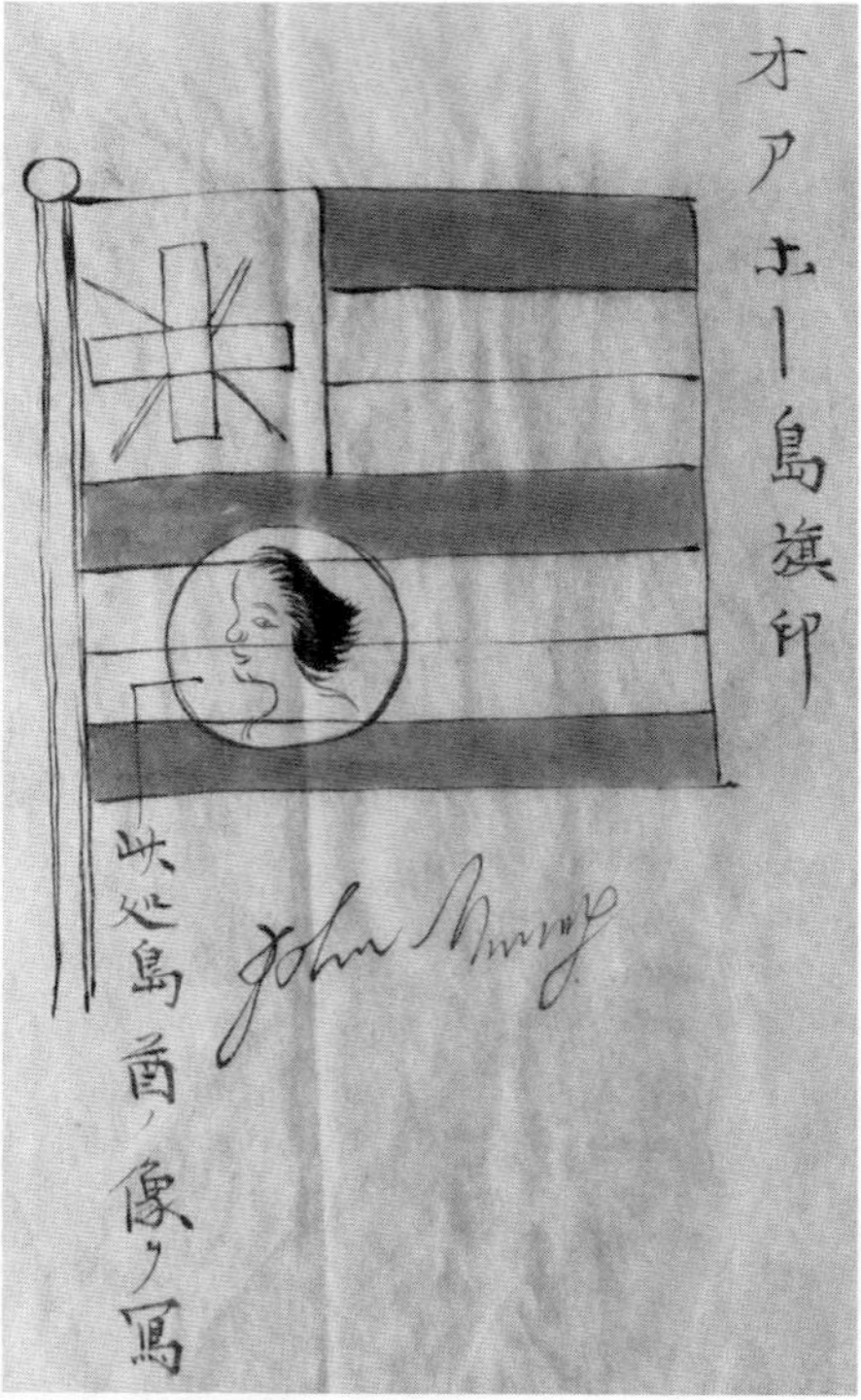

オアフ島の島旗

通貨は、合衆国の金銀銅貨を用いている。

常食は、ウシやブタの肉やパンである。その他に、土地の産物であるイモ類を餅のようにしたものを鉄碗に入れ、それを匙《さじ》か、匙がなければ指で食べている。

他のことでは、島民はタバコを好み、喫煙、あるいは噛みタバコという形で楽しんでいる。いっぽう、飲酒については汚物のように嫌悪している。島にカバという木があって、樹皮を嚙むと液が出て酩酊状態をきたすのだが、これを好んでいる者もいる。

衣類は、島独特の上着などを着用している。

家屋は、石造りの石葺き、あるいは木造藁葺きで、木造の家は藍や赭《あか》の色を壁や床に塗っている。床の上には敷物を敷き、椅子を使うのを常としている。

それにしても、この島に滞在してすでに数ヵ月になるが、島民やアメリカ人など日本人以外の者の発音では筆之丞の名前を「フデノジョー」というふうに呼ぶことができないようである。このことがわかってからは、筆之丞は叔父の名前である「伝蔵」を借りて使うこととし、これを当地での筆之丞の通称としたのであった。*

さて、天保十三年壬《みずのえ》寅《とら》歳（一八四二）、オアフの五月のこと。日本人で、二十一、二歳だろうか、摂津《せっつ》国兵庫の人で善助《ぜんすけ》という人物が下男をひとり連れて、伝蔵［筆之丞］たちを訪ねてきた。

*編註　フデノジョーの呼び名がデノジョーとなり、ついにデンジョーからデンゾーとなったものと思われるが、以下、筆之丞のことは伝蔵と表記することにする。

そして、善助は伝蔵たちに次のようなことを語ったのである。

先年、四国の阿波より江戸に向かい乗組員十三名をもって（船荷は不明）出帆したが、航海の途中、暴風に遭って流されてしまった。その漂流中に「イシバニシ」「イスパニアつまりスペイン」船に救助されて、けっきょくそのまま、かの国まで行くこととなった。スペインで乗組員のうち十一名は薪採集など山林仕事で稼ぎ、われわれ二人は、とある富豪の家にお世話になった。この富豪は、多くの船をもち、多くの店を開いて手広く商売をしていた。

私は、スペインという国の人間の性質や得意不得意を理解、把握し、また言葉や文字を少し理解できるようになって、その富豪の商売の金銭事務的なことなどを手伝いながら暮らしていた。そうしているうちに、その富豪の当主がこういうことを言いだした。

「自分には三人の娘がいるが、そのなかの誰でもよいので、ひとりをおまえの妻にすればよいだろう。そうしてこの国で暮らしていくならば、おまえの面倒は一生見るつもりだ」

この話、世話になっている人物からのありがたい勧めではあったが、私はもとよ

オアフ島の波止場風景

り日本へ帰ることを念願していたので、どうしても勧めに応じる気持ちにはなれず、けっきょく、その話を断ってしまった。

そうしたあるときに、中国交易に向かうアメリカ《メリケ》船が来航した。そして、この事情に対応して、富豪の当主が、われわれ十三人のうちの私を含めた五人について、そのアメリカ船への便乗を世話してくれたのである。

この厚意を受けて、われわれは中国経由で日本への帰国を果たそうとしている途上だが、そのなかで、はからずもこの島の港に入ることになった。さらに思わぬことであったが、この地に日本人が住んでいると聞き、ぜひお目にかかりたいものだと願い出て上陸し、われわれ二人がここに来たのである。いっしょに日本へ帰ろうとしている五人のうち、他の三人は船に残っている。

乗船に際しての当初の約束では、一人前の運賃は半ドル銀貨百枚と定められていて、船長からはわれわれを普通の船客として扱うとの固い約束もあったのだが、最近になるとしだいにその約束を反故《ほご》にするような状況になってきている。それどころか、かえって見下したような態度で殴ったりしてわれわれを使用人扱いするようになってきている。

もし、あなたたちも日本に帰るつもりがあるのなら、われわれといっしょにこの船に乗ってほしいと思うのだが、いかがか。この船にひとりでも日本人の仲間が増えるのは、私にとってこの上ない喜びなのだが。

摂津国兵庫の人、善助はこのようにみずからが直面している状況と経緯をていねいにていねいに語った。これを受けて、伝蔵も、この船便を使うのは日本に帰国するための絶好の機会ではないかと考えた。そして、善助が語った事情をそのまま島の役所に伝えたところ、役人たちはすぐさま当該の船にたいして伝蔵たちも乗船させるよう、手紙で問い合わせをしてくれたのである。

しかし、この要請を、アメリカ船の船長は受けいれなかった。

伝蔵たちの乗船がかなわなかったという事態にたいして善助もおおいに残念がり、自分たちの仲間でまだスペイン《イシバニシ》に残っている八人の者たちが今後もしこの地に立ち寄ることがあったならば、ぜひ親切にしてやってほしい、と伝蔵たちに伝え、お互いに別れを惜しんだのであった。

善助は上品なものごしの人物で、性格は温厚柔軟、筆もたつ。そういったところをスペインでも認められたとみえて、着ている服の肩には貴人の象徴であるクラという金糸の飾りをつけていた。善助は、そのりっぱな肩飾りをはずして伝蔵たちへの餞別としたのである。

こうして一度は固めた伝蔵たちの帰国の意思も、かなわぬ夢となってしまった。善助と別れたあとは、ただただむなしく時をすごすのみ。あるときは博打《ばくち》に興じ、また、あるときはもっとも小さな漁船に七、八人の島民といっしょに乗って海岸より三里から五里の沖合に出た。そうして、日本で漁に使う、いわゆる「長竿」を使ってカツオなどを釣り、大漁のときは釣れた魚を市場に出したりした。それを見たオアフの人びとは、伝蔵たちは見たこともないような竿でたくさん釣るものだ、と感心驚嘆したのであった。

伝蔵たちは王家の重臣「カウカハワ」の支援を受けているのだが、彼の領地が町から三里ほど離れた村落にある。そして、定められた日に、伝蔵たちは自分たちへの支給食糧をその村に受け取りに行くことになっている。それは日常の暮らしとは別の作業であったが、その村ではカウカハワの親類の者が農業を営んでいたので、時どきは台所用の水くみ作業とか料理の手助けをして、自分たちへの支援にたいする感謝の意を表していた。

伝蔵たちのこの島での暮らしも一年あまりになって、島の言葉もおおよそはわかるようになってきた。そうしたなかで、誰かに雇われて生活費を稼ぎ、自活したいという気持ちが生まれてきたので、そのことをカウカハワに伝えたのである。

しかし、カウカハワは「上司から長く屋敷で暮らしてもらいなさい、という命令を受けて支援しているのであるから、気づかいや遠慮などはまったく必要ない。心置きなく、これまでどおりここで暮らしてください」というわけで、どうしても伝蔵たちの気持ちを受けいれてくれない。

そこで、さらに手づるを探して、カウカハワの上司へ直々に「働いて自活したい」という気持ちを訴えたところ、こんどはすぐに許しを得ることができたのである。

この島に上陸した当初に挨拶をした医師のドクター・ジャッド《ダッタヂョージ》は、いまは「オプニカウカ」という現地名に名前を変えて高級役人となっていて、なにくれとなく伝蔵たちの面倒を見てくれていた。この人が、親類や知り合いに頼んで、雑用係や小間使いなど四人全員の仕事の世話をしてくれたのであった。

伝蔵は、「ミシクーケ」「ミス・クーケ」というアメリカから来た教師の家に仕えることになった。この地では貴人を呼ぶときに「ミシ《ミス》何某」と言うようだ。おもうに「ミシ」とか「メシテ」「ミスター」というのはいわゆる尊称で、したがって「ミシクーケ」家の場合、「クーケ」がその家の名前なのだろう。

重助と五右衛門はオプニカウカ「ドクター・ジャッド」家に仕えることになり、二人のうち、五右衛門は若年ゆえにあまり役に立たないだろうということで、子守りを命じられた。

寅右衛門は大工の親方の家に雇われ、けっきょく、そこで大工の技を身につけることとなった。

諸外国においては、七日、七日ごとにその土地の教会で「ションレイ」〔サンデー〕という日曜の礼拝をおこなう。この礼拝は、たとえば航海中であっても中止されることはない。

「ションレイ」の礼拝では、巳の刻より午の刻〔午前十時ごろ〜十二時ごろ〕まで人びとが寺院（教会）に集まる。寺院の祭司は祭壇を設け、その壇上へ「タース」という麦粉を油で練った餅を備え、集まった人びとに説教をする。

その説くところは仏法とは違うようすで、多くは国の法令遵守と人の守るべき道徳を教えているようだ。

この礼拝は、だいたいひと月に四回ある。日本における五節句のようなもののようで、人びとはみな仕事を休み、家を閉じて、遊びの日として郊外のあちこちに出かけている。

「ションレイ」の翌日は、「ポアカイ」といい、翌々日は「ホアルワ」という。続く三日目は「ポアゴル」、四日目は「ポアハア」、五日目は「ポアアリマ」、六日目は「ホアモロロ」といい、七日目でまた「ションレイ」に戻る。そして、これを四度くりかえしたものが「ひと月」となる。

こうしたことから、仕事の賃金なども「四ションレイ」、つまり「ひと月」分をもって支払われる。

九月、十月にも「ションレイ」礼拝があった。そうした折に、伝蔵が「日本人二人を乗せたアメリカ船が、サウスハーバー港に停泊している」という話を聞いた。

島の子どもたちは、商売として小舟に食物類を載せて港に停泊中の大きな船の間を行ったり来たりしている。そこから、このアメリカ船の話のようなことも子どもたちのあいだから広まっていくのである。

この島に上陸するかもしれない日本人を乗せた船はどれだろうと思いながら、伝蔵が埠頭のあたりまで歩いてきたときに、たまたまある大きな船から伝馬船に乗り移る人があった。容貌からしてその人は日本人と思えたので声をかけてみると、向こうも伝蔵を見てにっこりと笑って走り寄ってきた。そして「あなたは日本人ですか？　私は江戸の安太郎という者です」と話しかけてきた。

そして、二十歳ほどと見えるその人は、次のようなことを伝蔵に語ったのである。

私は江戸の住人で、名を安太郎という者である。塩を載せた船で、乗組員とともに八人で陸奥《むつ》から江戸に帰る航海の途中、漂流することになってしまった。そうして一年ほど洋上を漂ったあげく、食料の米は底をついた。

いろいろと食物を得る方法を考えてはみたものの、大洋上ではどうすることもできなかった。ただ、天の助けか、マグロの群れに遭遇し、それを釣って、干物にして食べるなどして飢えをしのいでいた。

しかし、そうしたものもいつまでも続くわけがなく、ついに八人の仲間のうち六人が飢えと渇きに苦しみながら命を落とした。けっきょく、船には私と藤兵衛《とうべえ》という者の二人が残されてしまったのだが、そうしたところをアメリカの捕鯨船に救助されたのである。

その後、死んだ者は倒れたままにして乗ってきた船を捨て、私たち二人は捕鯨船に移ってこの地までやってきたというわけだが、ここであなたに出会うことができたのも天の助けに違いない。このことを一刻も早く船に帰って藤兵衛に知らせてやりたいと思う。

江戸の住人、安太郎はこういう話をしたあと、牛肉を少しもって自分の船に帰っていった。そうしてまもなく、安太郎は藤兵衛という三十代の男をともなってふたたびやってきた。そこで伝蔵は藤兵衛ともあいさつをかわしたあと、二人を自分の住まいに連れていったのである。

伝蔵の住まいにつくと、藤兵衛は、自分たちを救助してくれたアメリカ捕鯨船の船長は妻と三人の子どもを連れていて、自分たちはその三人の子どもの子守りを言いつけられている、という話をした。そして、このアメリカ捕鯨船は日本へ帰るためには適切ではないと考えているし、ちょうど「プランシ」「フランス」船で中国に向かうものがあって捕鯨船の船長はその船に移乗することを頼んでくれたので、近いうちに自分たちはそちらの船に移るつもりである、と語った。

続けて藤兵衛は、伝蔵たちがよく異国の言葉を理解するようになったものだと感心し、もしいっしょにそのフランス船に便乗することを望むならば、これからすぐ捕鯨船の船長のところに行って直接頼んでみてはどうだろう、と提案するのだった。

これを受けて伝蔵は、藤兵衛らとともにアメリカ捕鯨船に行き、自分たちもいっしょに中国行きのフランス船に乗りたいので、ぜひ斡旋《あっせん》をお願いしたい旨、船長に頼んでみた。しかし、船長は、すでに安太郎と藤兵衛の二人をフランス《プランシ》船に乗せる世話をしたのだし、そのうえにさらにフランス船への乗船者を増やすというような対応はできかねる、と答えるのみ。

伝蔵は、船賃さえ先に払えば必ず了解が得られるはずだが、それをしていないのだから船長が話に乗ってこないのもしかたのないことである、と言って捕鯨船から下りようとした。それを藤兵衛が押しとどめ、漂流中に死んだ六人の者たちの京縞の衣類を出してきて、これをその船賃の足しにしてくれと言うのだった。しかし、そうした日本人の衣類を外国人が着るわけがなく、したがって買い手がついて金になることもない。

その後も藤兵衛や伝蔵は捕鯨船の船長に重ねて要請をしたのだが、聞き入れられることはなかった。こういう事情で伝蔵たちはたびたび捕鯨船にやってきていて、そうしたときに船内で食事などもすることがあった。そのことについて捕鯨船の炊事係が怒っていたのだが、言葉がわからぬ振りを通したのであった。

けっきょく、安太郎や藤兵衛といっしょにフランス船で日本に帰るという話はかなわぬこととなり、彼らと伝蔵たちは再会を期して涙ながらの別れとなった。そしてほどなく、藤兵衛たちはアメリカ捕鯨船からフランス船に乗り換え、とうとうオアフのサウスハーバーを出てしまったのである。

弘化《こうか》二年乙巳《きのとみ》歳（一八四五）のこと、重助はかつて無人島に漂着した折に痛めた脚がまったく治らず、とうとう片脚が不自由になってしまった。そしてそれが原因かもしれないが、下半身を患って、ほどなく不治の症状となってしまった。

世話になっているオプニカウカ［ドクター・ジャッド］はその看病のための費用を与えてくれ、万事に気をつかってくれていたが、あるとき、伝蔵と五右衛門にたいして次のような話をした。

「私は、できることならば重助に治療を加えてやり、命を助けてやりたいと思っている」

「しかしながら、いまの状況では医者にかかることも効果のある薬を与えることもできない」

「ここから三里ほど離れたところにコーラウという村があって、そこにとてもよい医者がいる」

「あなたたちは、重助をそこに連れていって助けてもらいなさい」

オプニカウカはこう言って、すぐに重助を乗せるための輿《こし》を買ってきたのである。

伝蔵たちはオプニカウカたちに別れのあいさつをしたあと、重助を乗せた輿をかついで、コーラウ村をめざして急いだ。

そうして、まだ一里も行っていないときに、前方から馬を曳《ひ》いてくる人物があった。その人物は、伝蔵たちを見つけるとあいさつをして、自分はコーラウ村の者で、オプニカウカの言いつけで伝蔵たちを迎えにきたのだと言う。

伝蔵たち三人はこれを聞いて、思いもよらぬことであり、おおいに驚き、かつおおいに喜んだ。そして、重助はすでに輿に乗って安静にしているのであるから馬に乗せることもなしということで、伝蔵は馬方に輿を担ぐ役を替わってもらい、自分は馬方が連れてきた馬に乗って、コーラウ村をめざした。

コーラウ村に着いてからは、「プープン」という人の家に投宿することになった。プープン家は四人家族で暮らしていて、そこに「テツハニ」という妻帯者の弟が同居している。

伝蔵はその日のうちに聞いていた医師を訪ね、オプニカウカの言いつけを述べると、すでにその医師の元にはオプニカウカからの連絡が届いていて、すぐに重助の治療について了解してくれた。そして、ただちに意を尽くし手を尽くして治療に当たってくれた。

また、コーラウ村の中にはアメリカ《メリケ》の寺院［教会］があった。その名を「パリケヤ」という。住職［牧師］は「ミシパレカ」［ミスター・パーカー］といって、もともと伝蔵たちを無人島から救出しこの島に連れてきてくれたホイットフィールド船長の隣人であった。その縁で、丸薬や散薬をもらい、そのほか、万事にわたって世話になることとなったのである。

弘化三年丙午歳《ひのえうま》（一八四六）、オアフ島で暮らしはじめて六年目のこと。重助は数々の良薬、できるかぎりの療養のかいもなく、正月の上旬、コーラウ村にて三十一歳の生涯を閉じた。

伝蔵も五右衛門も、頼りにしていた重助の死去に際して、深く嘆き悲しんだが、ついにはこの地の法にしたがい、遺骸を臥棺《がかん》に納め、教会外の「カンネオエ」という村に葬った。そこに牧師のミスター・パーカーもやってきて経文のようなものを読誦《どくじゅ》し、亡くなった者に引導を渡してくれたのである。その意を尽くした親切さは比べるものがないほどであった。

これ以降、五右衛門はパリケヤ教会で暮らすことになり、伝蔵は以前と同じくプープンの家に住むことになった。

この島の王であるカメハメハ三世には年ごとに全島を巡覧するならわしがあり、その折に伝蔵たちが住むコーラウ村に立ち寄ることがあった。そのとき、王の全島巡覧に付き従っている上級官吏の「ツワナハワ」がプープンの家に宿泊することになり、たまたまプープン家に住んでいる伝蔵を見て、その安否、暮らし向きなどを尋ねたのであった。

それにたいして伝蔵は、人びとのこうした心のこもった親切さに感謝の気持ちを表しつつ、次のようなことを語った。

「ことしの正月に仲間の重助が亡くなって以来、気持ちが晴れず、いまだ仕事に就いていない状況である」

「この地には、荒れ地が非常に多いように思われるので、私たちにこれを開墾する許可をいただきたい」

「できるならば、あなたさまがこの件をご検討くださることを願っている」

こうした伝蔵の願いにたいして、ツワナハワは承諾をし、伝蔵たちが考えている土地の開墾を許した上、現地の住民を呼んで事後のさまざまなことを指示して帰っていった。

その後、住民の支援を得て、重助の墓所から二町あまり離れた海辺の土地に小さな家を建ててもらった。そして、周辺の空き地を少し分けてもらい、草を引いて整地し、サツマイモ、キビ、アワ、ウリなどを植えて、農業を始めたのである。

もともとこの地は近世になって開けはじめたところなので、ひとりでも土地を開墾し耕地とする者がいることが喜ばれていて、年貢などもなく、なにをどう耕作してもおかまいなしであった。この地では、十五歳以上の男子はハスダラ《half dollar》、同じく女子はコワダラ《quarter dollar》貨一枚の付加税を納めることになっていたが、伝蔵たちは対象者とならなかったのか、そうした課税はなかった。

九月下旬のころ、ホイットフィールド船長がまたこの村にやってきた。自分が助けた漂流者たちがいまコーラウ村にいると聞いて、この村を訪問し、旧知のパリケヤ教会を訪ねてきたのである。

その日には「ションレイ《サンデー》」の礼拝があって、教会の儀式の席で船長は五右衛門と対面した。ふたりは、お互いの無事を喜び合い、五右衛門は、重助が亡くなったことや筆之丞が伝蔵と名を変えたことなど、もろもろの消息を伝えた。そして、そのあと、伝蔵を連れてくると、船長はおおいに喜んだのであった。

ホイットフィールド船長は重助の死去を悼む言葉とともに、みなと別れて自分とともにアメリカ本土に渡った万次郎の無事を伝えた。また、伝蔵に向かって「あなたはこちらの海辺に住んでいると聞いたが、きっと景色のいいところなのだろう。私もそこに行ってみたい」と言い、その住まいに行くべしとのことで、さっそく牧師ミスター・パーカーをともなって教会をあとにした。

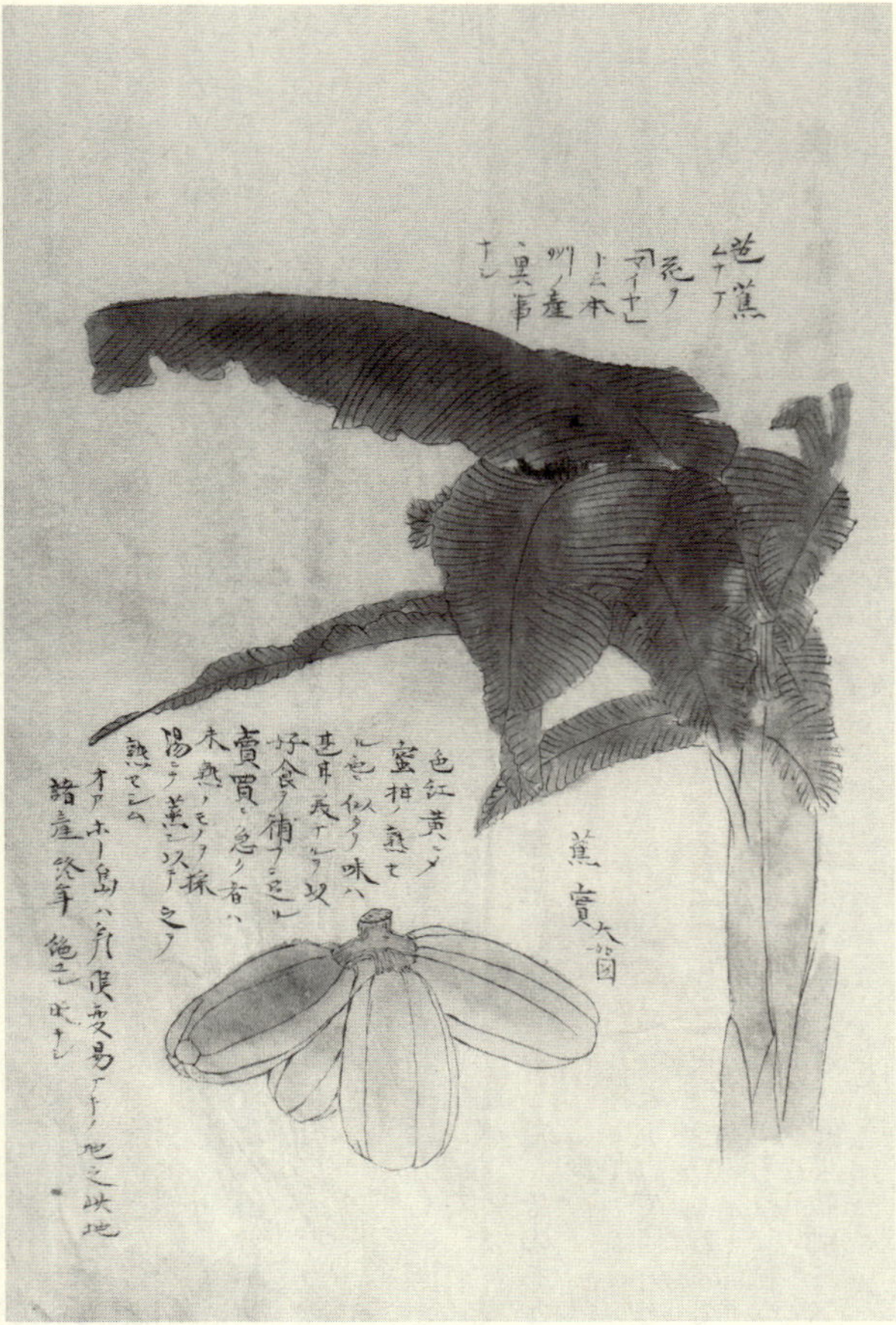

オアフ島の芭蕉（バナナ）

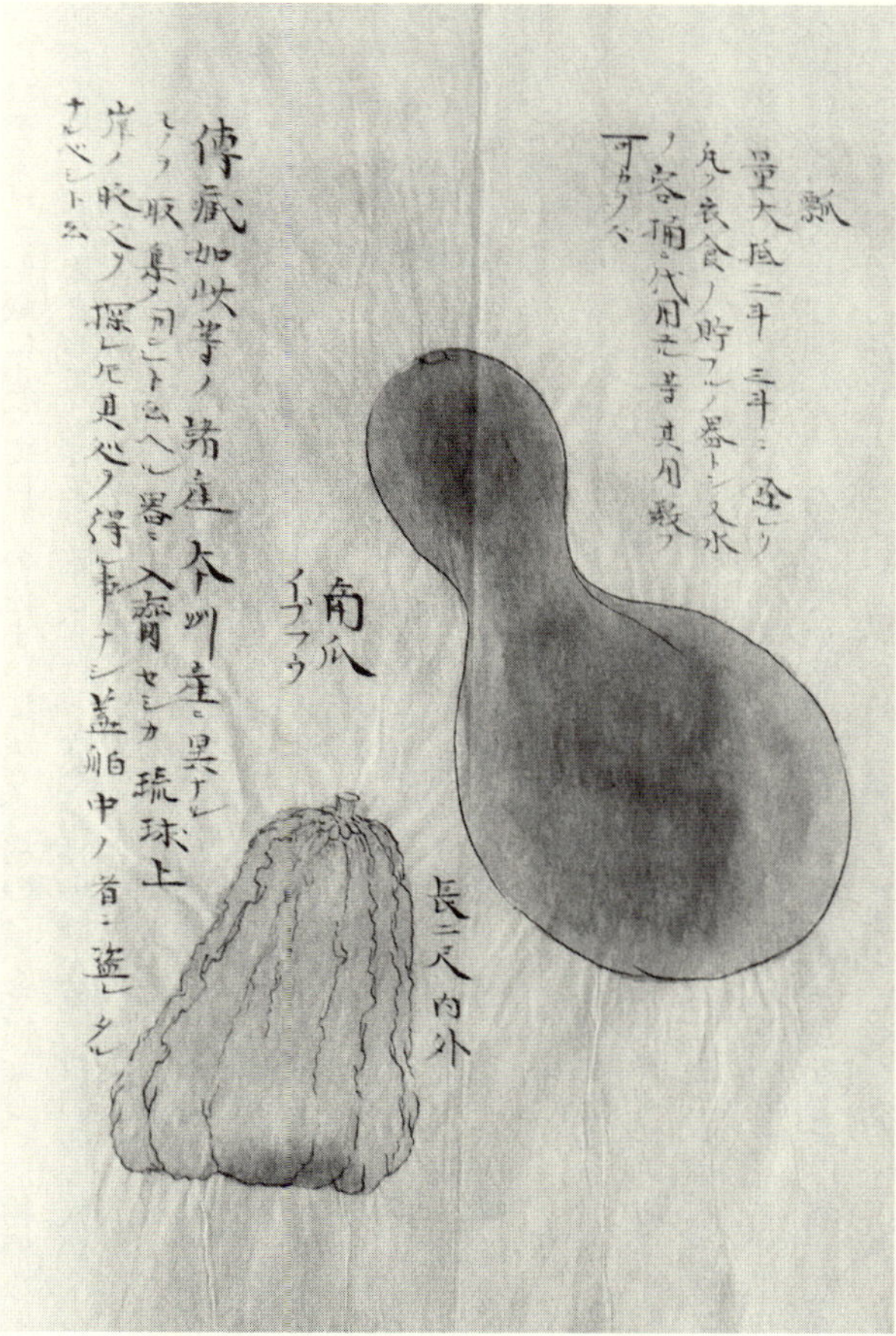


オアフ島のヒョウタンとカボチャ

これを受けて伝蔵は走って自分の住まいに戻り、家のなかを掃除し、漬物桶などを並べて椅子の代用として待っていると、ほどなく船長とパーカー牧師の二人がやってきた。

船長は漬物桶の椅子にくつろぎながら、とても良い造りの家で、この地には似合わないようなすばらしい住まいではないか、などと軽口を言って、伝蔵兄弟に大銀貨を二枚与えた。さらに船長は彼らになにか与えたいという意向があるようで、五右衛門にたいして「時間をつくって、一日、二日のうちにサウスハーバー港に来てくれたまえ」と言って帰っていった。

翌日、五右衛門は急いでサウスハーバー港に行き、ホイットフィールド船長の船を訪問して船長に会い、これまでに受けた恩について感謝した。

これにたいして船長から「あなたたちは不運にして国外数千里のところまで流されて、辛苦の日々を送ったのだから、一日も早く本国へ帰してやりたいと思う。しかし、適当な便がなく、いまだにそれが実現できていない。ただ、こんど日本近海に行く船があるので、その船に頼んで、あなたたちを帰国させたいと考えている。あなたたちがほんとうに帰国したいと願っているのならば、急いで支度をして、私の船までやってきてしばらく滞在すればよい」という言葉があった。

そのうえ、五右衛門は外套五枚、股引き五枚、白布二反、タバコ、靴などを船長からもらい、感謝しながらこれらを持ち帰った。そして、船長の言葉を伝蔵に伝え、二人でその厚情に感謝感激の涙を流したのだった。

この後、二人は帰国の準備にかかり、開墾を許された土地はイモ類を植え付けたまま前の持ち主や家主に渡すことにし、仕事場はそのまま捨て置くことにした。

次に、世話になった人びととの別れをするために、牧師ミスター・パーカーのもとに行き、多くの恩にたいしての感謝を述べて別れを告げた。パーカーは外套二枚とタオル二つを餞別として二人に贈り、伝蔵と五右衛門はこれをありがたくいただいた。

こうして、飼っていたアヒル四羽、ニワトリ六羽、シャモ二羽、ブタ二匹、これに鍬二丁を携えて、十月上旬に二人はコーラウ村を後にしたのであった。

コーラウ村を出てからホノルルに着くと、世話になったドクター・ジャッドらにも別れを告げた。そののち、ホイットフィールド船長の捕鯨船に乗船し、携えてきたものを船長ほか船内に分けて贈ったのである。

しかるに、ホイットフィールド船長は伝蔵ら漂流民仲間のうち寅右衛門については これまでまったくなにも語ったことがなかった。そのことが気になっていた伝蔵が、あるとき船長に「あなたはこんどの一件を寅右衛門に伝えてくれたのだろうか」と尋ねた。すると船長は、いやいやと首を振って、「彼は私に親しまない。だから私は、彼のことは世話をしようとは思わない」と答えたのである。

これを聞いた伝蔵はおおいに驚き、「彼はもともとわが家の隣人で、私が出漁に雇ったがために漂流することになったのであり、今回の私たちの行動を知らせないままこの地に捨て置いたならば、私たちは帰国したあと、彼の家族に会わす顔がない。船長は彼の面倒は見ないとのことだが、どうか私たちのために彼を許してやってほしい」と手をついて船長に懇願した。

これにたいしてホイットフィールド船長の言うには、「すでに先方の船には、乗船させてもらうのは二人のみであると言って頼んである。そういう事情があるから、いままた、もうひとり増やしてくれと言うのはむずかしい。ほかにまた日本近海へ行く大きな船があると聞いているので、一度その船に寅右衛門の乗船の件を相談してみよう」とのことであったが、その後、うまくいったとの知らせが船長からあった。

さっそく、寅右衛門にもこのことを知らせて旅立ちの用意を急がせた。そして、準備がすべて整ったのち、寅右衛門ともどもホイットフィールド船長に別れを告げ、二度と会うこともないだろうという感慨とともに別れを惜しみながら、それぞれに予定の船に乗りこんでいった。

さて、伝蔵と五右衛門が乗った船も、寅右衛門が乗った船も、みなアメリカ合衆国の捕鯨船であり、伝蔵、五右衛門兄弟が乗った船の名は「フライテン」「フライデー」号、船長は「キャンフンゴーコシ」「キャプテン・コックス」と言った。

そうしてまもなく出航というとき、寅右衛門は船首に立って伝蔵と五右衛門の兄弟を呼び、突然こう叫んだ。

「俺はこんども止めた。陸に上がる。おまえたちは俺のことを気にしないで日本に帰ってくれ」

伝蔵はこれを聞いて「いったい、なにが起こったんだ」とおおいに驚き、急いで寅右衛門のそばに行き、なぜそんなことを言うのか、わけを聞いた。

すると、寅右衛門は「この船は船長が意地悪な男で安心できない。だから、俺は日本へ帰るのをやめようと思う」と言う。これを聞いて伝蔵は、さまざまな言いかたで何度も翻意をうながしたのだが、寅右衛門は聞く耳を持たない。

「馬鹿なことを言うものではない」と伝蔵が怒ったりなだめたりしているうちに、とうとう船の出港時間になった。

しかたなく、伝蔵はついに寅右衛門を港に残して船に戻り、ほどなく船は帆を上げ出港したのである（寅右衛門が乗せてもらおうとしていた船は、このときの航海で日本に向かい相模の浦賀まで行った、とあとで聞いた)。

伝蔵と五右衛門を乗せたフライデー号は、オアフを出港して指針を西南西にとり、帆走すること数日、「ヌーヂネエ」「ニューギニア」から「ヲシツレリア」「オーストラリア」の地へと向かう途中、ひとつの島に到達した。ケナカ島、つまり「裸島」である。

島の概要をいえば、大半が砂地で、少し小高い丘がある。そこに樹高数メートルのヤシの木が林立している。ヤシの木はシュロの樹に似ていて枝がなく、樹の先に蒲《がま》を束ねたような形で葉がついている。実は大きく、ひょうたんに似ていて、それが葉の間に垂れている。

実の外側はシュロの包皮のような粗い皮に覆われていて、その内に堅い殻がある。それは人面に似ていて、両眼や口がついているような感じがある。

殻の内側には果肉と果汁があり、果肉はクルミに似ているし、果汁は乳汁に似ている。果肉は冷たくて食べると元気になり、その甘さはたとえようがない。ただ、果汁の量はたいてい三合から四合ほどあるので、一度に飲み干せない。

島の住民はみな裸で暮らしており、女はヤシの葉を編んだ物できわどく陰部を隠している。毛髪は首の後ろあたりで切り、髭は抜き取っている。男女の区別は、陰部の差異で見わけるほかはない。

住居は、地面を掘ってそこにヤシの木をさしわたし、上にヤシの葉をおいて葺いたもの。人びとは、そのなかに入りこむ形で暮らしている。

暮らしのなかに鍋や釜の類はなく、海草を串に刺して火であぶって食べたり、ヤシの果汁を飲んだりしている。このことによって、島の人びとはみな、ヤシ油の匂いがする。女は顔や身体からヤシの油を塗った匂いがするのを好ましいこととし、その油で顔や身体がつややかに光るように再三にわたって塗りつけるのを化粧法としている。

穴居する「裸島」の住民

伝蔵たちが乗船している捕鯨船が島の磯近くにやってきたときのこと。島の人びとは男も女もみなヤシの木の丸太と皮で造った小舟に乗り、伝蔵たちの巨船めざして漕ぎ寄せてきた。そして、船に近寄っては争うようにしてみな飛び移ってきた。

すると、捕鯨船の船員たちは島の人びとにタバコを少し与え、裸婦を寝台に招き入れ、なかでも精気満々の者などは、他人が見ていることなどおかまいなしに男女の営みにいたり、おおいに励む、といったありさま。

裸の男らは、その交情のようすをそばでじっと見ながらタバコを喫《の》み、陰茎を勃起させ、亀頭を跳ねさせている者もいる。捕鯨船の船員らのある者がそれを見て笑い、指さして冷やかすのだが、裸の男たちはまるで気にしないようすであった。

さて、交情にふけっていた船員と島の裸婦たちだが、事が終われば裸婦らも少しは恥ずかしいことをしていたのだということを理解しているようで、広げていた脚を合わせ、手でへそ下の陰部を隠す。

ただ、もしその陰部を見せろと言えば、ちょっと脚を開げるなど、いろいろと猥《みだ》らがましい姿態をしてみせ、対価としてタバコやその他の食べものなどをねだる。こういうことは、この地におけるならわしとなっているようだ。

ある日、伝蔵がその島に上陸したときのこと。ぼろを着て垢まみれの身体ではあるが、島の住民とはようすがちょっと異なる人と出遭った。うむ、と思ってよく見る

「裸島」の男女

と、その人はオアフにいるときに見知った人であった。そこで、これはどうしたことかとわけを尋ねてみると、「以前に罪をおかしたので、この島に放逐されたのだ」という話である。

続けて、その男は次のようないきさつを語り始めた。

「島にやってきたものの、この島の住民たちの暮らしぶりは人間とは思えないようなものであり、田畑を耕作するということも知らない。私は山際の土地に住んで、そこでイモやキビの栽培を始めた。ヤシの木を削って尿坑を造り、島の住民の屎尿《しにょう》を集めて肥料とし、肥沃の土地に改良しようとしている」

このような話を、いかにも哀れげに語るのを見て、伝蔵は着ていた服を脱いで彼に与えた。

総じてこの辺の島にはヤシだけでなく「ブレッスル」「パンの木」という樹木があって、その果実を穀物やイモのように食用にしている。

弘化四年丁未《ひのとひつじ》歳（一八四七）の正月になった。伝蔵たちを乗せた捕鯨船は北に向かい、西太平洋のマリアナ諸島にいたり、「ギュウアン」「グアム」島に入港した。その日のうちに船長は上陸して宿泊、船員たちもそれぞれの宿に入った。

この地はよい港湾で、人家も櫛の歯のようにびっしりと並んでいる。山の幸海の幸それぞれの食べものも豊富で市をなし、その繁盛ぶりは近隣の島とは比べものにならないくらいである。

島内には高い山もあって、燃料用の材木や水の補給にも問題がない。また、稲作も行われているし、一年中作物を得ることができる。気候は、並はずれて暑いこともない。島の住民の言葉、衣服はかなりの部分、オアフでも見るようなスペイン風に感じられる。

このグアム島の港町で船の破損箇所を修理したあと、下旬になってから出港し、進路を北にとった。

三月中旬、伝蔵たちが乗った捕鯨船は日本の近海に入り、八丈島の海域に到着した。

ここにいたり、伝蔵と五右衛門は八丈島に上陸しようとおおいに勇み立った。船長も珍しいことに、日本人の姿や日本の家屋を見たいという意向を示し、伝蔵らをここまで送ってきた事情を日本側に説明するための書類をしたため、上陸用のボートを用意させた。そして、人家や牛馬による農作業が見えるところまでボートを近づけたのである。

しかし、風が強く波が立つなか、適切な上陸地点を見つけることができず、夜明けから夜にいたるまで島の周りを巡りながら上陸の機会をうかがったのだが、とうとうその目的を果たすことができなかった。

その後、アメリカ合衆国の捕鯨船フライデー号は、けっきょく、伝蔵、五右衛門の兄弟ふたりを上陸させることができないまま、ついに八丈島を離れ、北北東に向かうこととなった。

次に船は、蝦夷地《えぞち》［北海道］の海域に着いた。そして、ひとつの岬端をまわって北に進み、やや海岸に近づいたかと思ったとき、陸地のあちらこちらで篝火《かがりび》を盛んに燃やし、のろしを上げはじめるのが見えた。しかもそれが、かなり大々的なようすで、そのことに捕鯨船の船員たちは不審の念を募らせていた。

いっぽう、伝蔵はかねてより日本では外国船が日本の海岸近くに現れたときには沿岸防御の備えをすることを知っていたので、そうかこれが「外国船発見」の報をいち早く知らせるための「のろし」の煙なのだな、と思ったが、素知らぬふりをしてフライデー号よりボートを下ろして、船長といっしょに上陸した。

上陸した伝蔵は、煙が見えたところには誰かいるだろうと思い、そこまで行ってみた。しかし、伝蔵たちの姿を見るやいなや、住民たちはみないっせいに逃げ去ってしまう。人影もないので大声をあげて「私はもともと日本人である」と叫んでみたが、なんの反応もない。

小屋を見つけて立ち寄ってみたが、誰もいない。ただ、日本式の鍋や釜そのほかの道具が、まだ熱を持ったまま捨て置かれていた。たぶん、ついいましがた、これらを置いて逃げていったものと思われる。

伝蔵は、いっしょに上陸した船長に向かって「ここは日本の領内にまちがいないので、われわれをこのままここに残してほしい。住民は捕鯨船の大きさにびっくりして逃げ去ったものと思われる。したがって、船が去ってしまえば住民も出てくるだろう」と言った。

すると、船長は首を横に振りながら、「あなたたちをここの住民に預けるためには、ホイットフィールド船長からの〝護送書〟にたいする住民からの受取書が必要となる。それがなければホイットフィールド船長にたいしてきちんとした報告ができない」と言って、伝蔵の申し出を了承しない。

伝蔵たちも、これを聞いて「そういうことならば、住民が出てこないかぎりどうしようもない」と理解し、やむなくフライデー号に戻った。そして、ついに蝦夷地の海域からも離れていくこととなった。

季節は四月であるけれども寒気はきびしく、洋上にはおびただしい数のアシカが浮遊していた。

この後、針路を北にとり、途中、数百頭の鯨を獲りながら、航海五十日ほどにして、「ラシセ」［ロシア］州の「ルシン」山の麓《ふもと》の海域に達した。

ルシン山はこのあたりでは際立った高山で、長いあいだに積もった雪で覆われている。その姿を遠くから眺めると、積もった雪の色は淡い赤色に染まり、その光景が果てしなく続いているように思える。

ここからさらに奥地になれば、一日中太陽の光を見ることもないような、霧と靄《もや》に覆われた荒涼たる風景が見渡すかぎり広がっているばかり。昼なのか夜なのかも判然としないような状況のなか、たまたま船船が行き違うことなどがあれば、舷側《げんそく》を木片で叩いて音を出し、お互いの存在を知らせ合って衝突事故を避ける。その海面は青く澄んだ波と土色に濁った潮流とがはっきりわかれていて、船を寄せ付けない。

寒気の募るなか雪が降り、鯨もいないので、針路を転じてルシン山近海から離れた。この海域には多数の小島があり、それらの小島には小さな樹木がわずかに生えている。ここで鯨を数頭獲った。

九月になって、西風が吹きはじめた。この風を船の真後ろから受け、脚帆を張って矢よりも速く帆走した。そうなると大きな捕鯨船といえども大波に揺られて、三昼夜というもの炊事ができず、ただ、「ベチテエブル」「ベジタブル」と称する蒸しパンのようなものを口にしたのみであった。

以後、三十日ほどたってから風が東風に変わり、こんどは南西の方向に針路をとって、六日ほどかけてオアフ島に戻ったのである。

漂巽紀畧　巻之二　終

## 巻之三　伝蔵たち四人と別れた万次郎がアメリカ合衆国に入り、のちに諸洋を航海する話

天保十二年辛丑《かのとうし》歳（一八四二）の十一月、万次郎はオアフに残った筆之丞［伝蔵］たち四人と別れ、ホイットフィールド船長にしたがってジョン・ハウランド号に乗り組むことになった。そして、船では万次郎を略して「マン」、あるいは「ジョン・マン」と呼ばれるようになった。「ジョン」とは思うに、かの地において身分の低い者を呼ぶときによく使われる名前であろう。このときから万次郎は、ホイットフィールド船長率いる捕鯨船ジョン・ハウランド号の乗組員のひとりとなった。

船は十二月上旬に北太平洋ハワイ諸島のオアフを出港し、南へ向かって三十日ほど帆走、「キンシミン」［キングスミル、ギルバート諸島か］に到着した。

近隣に二十あまりの島々があり、大きい島で幅十里ほど、小さい島で幅一里ほど。赤道直下に位置していることから、気温はきわめて高く、そのために島民は裸で暮らしている。その姿はといえば、ヤシの葉で編んだ蓑《みの》のようなものでわずかに陰部を隠

しているのみ。頭髪は肩のあたりで切ったり、頭頂で束ねたり、それぞれ好きなようにしているようである。

島は大半が砂地であるために穀物を作ることはできず、ヤシの実を拾い、魚介類を獲って日ごろの食料としている。

家屋はきわめて粗雑で、ただヤシの木で四本柱を立て、その上にヤシの葉を葺いて、その下にヤシの葉を敷いて寝起きをしている。

ジョン・ハウランド号はこの海域で魚を獲り、その後、針路を西にとって数十日間帆走。天保十三年 壬寅《みずのえとら》歳（一八四二）の三月、西太平洋の「ギューアン」［グアム］島に到着した。

グアムで薪や水、イモなどを補給したジョン・ハウランド号は、四月の下旬に出港。こんどは針路を北西にとって台湾海域を通過、さらに日本の近海へと転じた。そして、かつて万次郎たち五人が苦難の日々を送った「ハレケン」［ハリケーン島＝鳥《とり》島《しま》］と呼ばれる孤島に到着、ここで小魚を釣った。

その後、日本の沿岸から百里、あるいは五十里ほど離れた海域で鯨を獲り、さらに航海を続け、八月になってオアフに近づいた。しかし、ちょうど風や波の状況が悪く、港に入ることができない。そこで、さらに針路を西南に転じて、十一月に南太平洋の「エミオ」島［サモア諸島ウボル島か］に着いた。
「エミオ」島は周囲三十里。なかなかの良港があり、三百ほどの人家が軒を連ねている。人物や風俗などはオアフによく似ている。ここで薪や水を補給して、十二月に出帆、東南に針路をとった。

天保十四年 癸卯《みずのとう》歳（一八四三）の四月下旬、「シヲウスメリケ」［南アメリカ《South America》］の最南端、「ケーアホーン」［ケープホーン］という岬から百里沖を航海した。この海域は氷海で、大きな氷山が数多くそびえ立っている。氷山のもっとも巨大なものは高さ数百丈を超え、いまにもひっくり返りそうなようすである。ここを通過する船舶のうち、こうした巨大な氷山に当たって破壊されるものも少なくないという。

この海に奇妙な獣が棲息している。ウシほどの大きさのものだが、その倍ほどの大きさのものもいる。それらの獣は「ホース」［セイウチのこと］と呼ばれ、背中の色は濃い赤色、鼻の真ん中に角が一つある。そして、「シヒル」［アザラシのこと］と呼ばれている獣といっしょに、多数が子ども連れであちらこちらの氷山を行き来している。

この海域を過ぎて大西洋に入り、こんどは東北に針路をとったのだが、このときに「カメッ」［彗星《comet》］という不思議な星が出現、それが天空を横切るのを見た。この星は

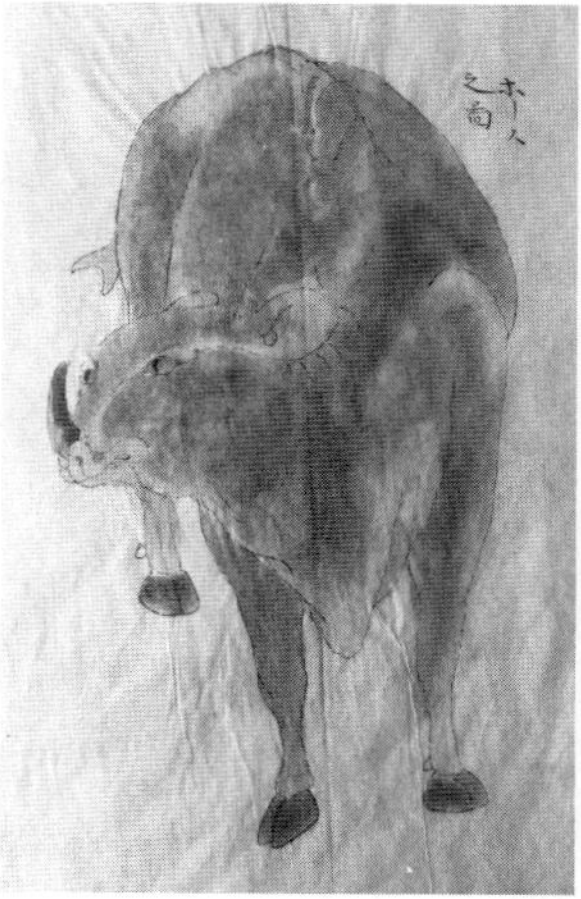

八十年から百年に一度現れるとのことである。

　次に、針路を北北西にとり、六月の上旬にアメリカ《ノヲスメリケ》合衆国《ユナイツシテイ》北東部の「マシツセ」国「マサチューセッツ州」の領内にある「ヌーヘッホー」「ニューベッドフォード」の港に到着した。

　ニューベッドフォードの港は、奥行き三里ほど（日本の十五丁がアメリカの一里に相当する）の入り江だが、その湾口は幅一里ほどと狭い。入り江の中央に小島があり、そこから島の左右の陸地に向かって、それぞれに板の橋が架かっている。

　その右のほうの橋の中間五十尺ほどのところを鉄の縄でつなぎとめ、双方に滑車を付けてある。マストを立てた船がこの橋に近づいたとき、そのままではマストが橋にかかって通れない。そこで、一人の船員が船から下りて橋に上り、滑車で鉄の縄を巻きとる。すると鉄の縄につながれている橋の片方が中間から片側に退いていく。そうしてできた空間を船が通過する。そして、船の通過後に巻きとった鉄の縄を戻せば、引き退いていた橋板が元の位置にまで戻り、橋全体が元の状態に戻る、という仕掛けになっている。

この橋を通過したあと、船はさらに入り江の奥に進み、ニューベッドフォードの港に着岸。繋船をすませて当番の船員を置いたホイットフィールド船長は、母港への帰還と航海の終了を宣言した。そして、乗組員に別れを告げた船長は、万次郎を連れて先ほどの橋を南に渡り、故郷の「ハーヘーブン」「フェアヘブン」に帰り着いたのである。

フェアヘブンは、街の規模で言えばニューベッドフォードには及ばない。この町の真ん中に、ホイットフィールド船長の自宅があった。

家に着いてみると、門戸は固く閉ざされていて、寂寞、荒涼としたようすである。ホイットフィールドはおおいに不審に思って、隣の家の人にこの状況のわけを尋ねたところ、彼の航海中に妻が死亡し、他に住む人がいないのでこのように門を閉ざして

ニューベッドフォード港の風景

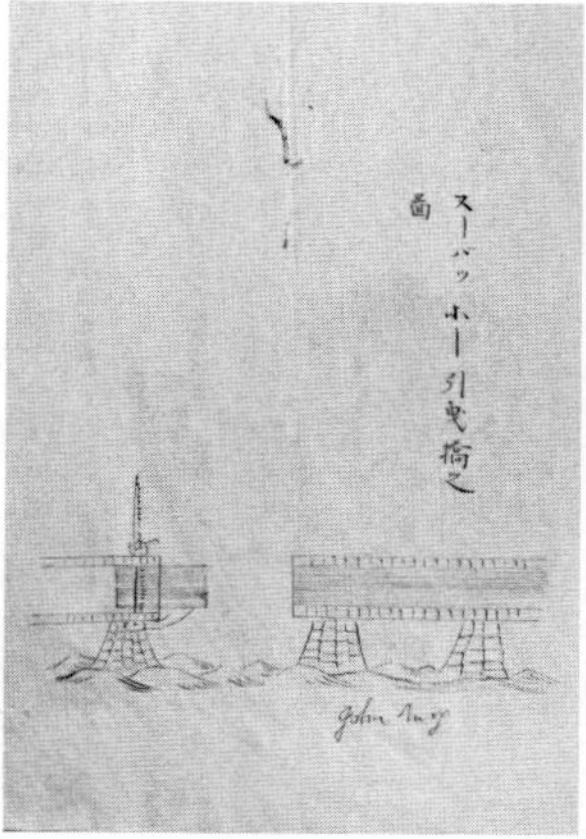

ニューベッドフォード港の可動橋

いるのだとのこと。ホイットフィールドは驚いて、万次郎を「チェムシァアレン」「ジェームス・アレン」という知人のところに連れていき、そこに万次郎を寄宿させてもらうことにした。

そもそも、合衆国《ユナイツシテイト》の広さは東西六千九百三十里余り（アメリカの里法である）、南北四千百里ほどである。その内にある州《シテイツシ》は、

「マシッセ」「マサチューセッツ」
「メーン」
「ヌーヨーカ」「ニューヨーク」
「ヘンシライヘネ」「ペンシルバニア」
「ヌーハンムシア」「ニューハンプシャー」
「ロウッアイラン」「ロードアイラン

ド」
「マンツカ」「ケンタッキー」
「カンメケ」「コネチカット」
「ヲハヨ」「オハイオ」
「インリフナ」「インディアナ」
「メレラェン」「メリーランド」
「ノオスカロラエン」「ノースカロライナ」
「シェウスカロラェン」「サウスカロライナ」
「デレウヮア」「デラウェア」
「メセセベ」「ミシシッピー」
「イルノヲエ」「イリノイ」
「ロエシアイナ」「ルイジアナ」
「メシャセキャエン」「ミシガン」
「コランベア」「コロンビア」
「ノセロディ」「ニュージャージー」
「アンパマ」「アラバマ」

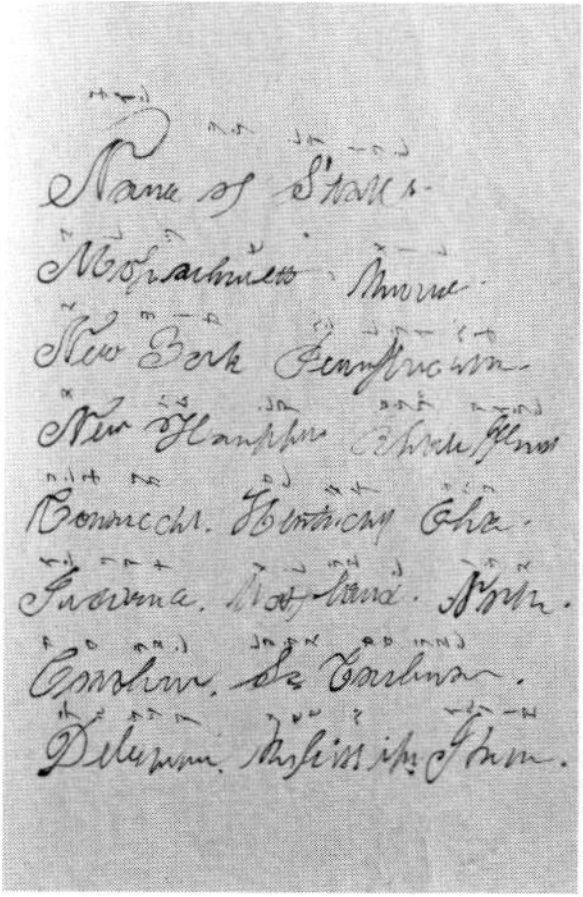


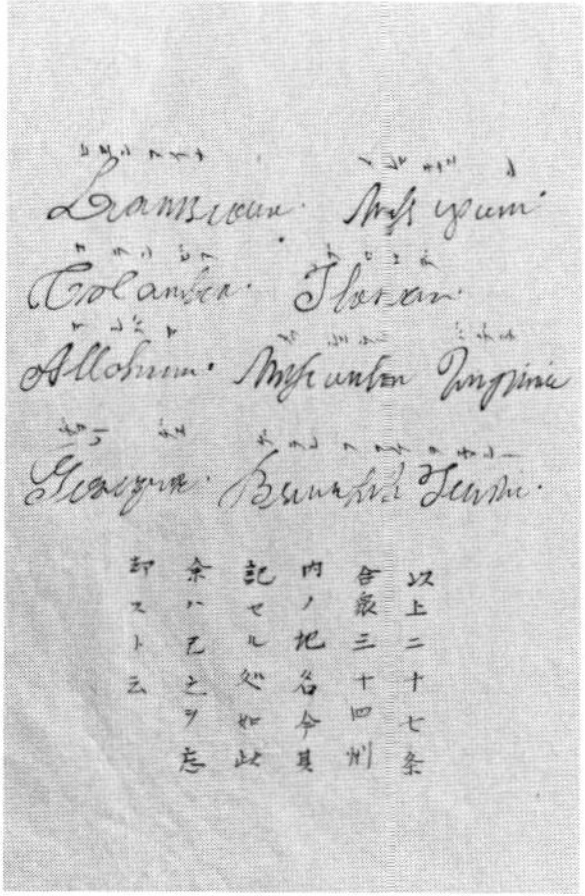


「メッシュウル」「ミズーリ」

「バヂネ」「バージニア」

「ヂョーヂエ」「ジョージア」

「フランフッチ」「フロリダ」

「テネシー」

など三十余国に分かれている。


国土は北緯四十度から五十度に位置していて、気候は快適、寒暖は季節によって変化する。穀物で栽培できないものはない。

住民はすばらしい体格をしており、肌の色は白い。髪の毛の色は黒。身長は五、六尺以上。生来の気質は温厚で、人にたいしては愛情を持って接し、そして、節度のあることを大事にしている。人びとは日々、すべてにおいて勤勉であり、周辺の地域でこの国と通商しないところはない。

女性はもとより美しく、黒い髪を頭頂でまとめている。髪飾りをしているひとは見たことがない。女性は従順で貞淑であることをよい習俗としている（黒い肌の人、赤い毛髪の人、また性質も少し異なる人もいることはいるが、これは他の国の人との混血なのだろう）。

飲食、衣服、家屋、あるいは生活の機器、道具などのありさまは、オアフと同じである。ただ、それらが全体に豊饒《ほうじょう》であることは、オアフとは比べものにならない。

飲酒をよいこととしないのも、オアフと変わらない。人びとは、怠惰に酒を飲み、酒に溺れる者を避け、つきあうことをしない。

万次郎がジェームス・アレンの家で世話になって数日がすぎた。ジェームス・アレンの妻の「ヂエンナアレン」［ジェーン・アレン］という女性は、三十歳すぎの塾の先生であったので、この家には学びに来ている子どもが何人かいた。

ジェーン・アレンは、万次郎にたいして「あなたも字を学ぼうと思うなら、教えてあげますよ」と言い、ノートを与えてくれた。万次郎は躊躇《ちゅうちょ》することなく、アメリカの字の書写を始めたのであった。

## 河田小龍による註

［河田の筆により英語でアメリカ三十四州の名前が入る］

右の三十四州の名前については、「エイビーシイ」「ワンツウ」といったアメリカの字や読みかたを教わった後、これらの地名を学んだ（日本で子どもに文字を教えるのと同じである）。また、それが終了してから全世界の地名や島の名前を学ぶ（島のなかでは、オーストラリアが最大の島だとのことである）。そうしたあとで、おいおい文章用の言葉を学んでいくことになるという（だいたい、初めから文章用の言葉を勉強するのはむずかしいので、最初は地名や州名を覚えることから始めるようだ）。

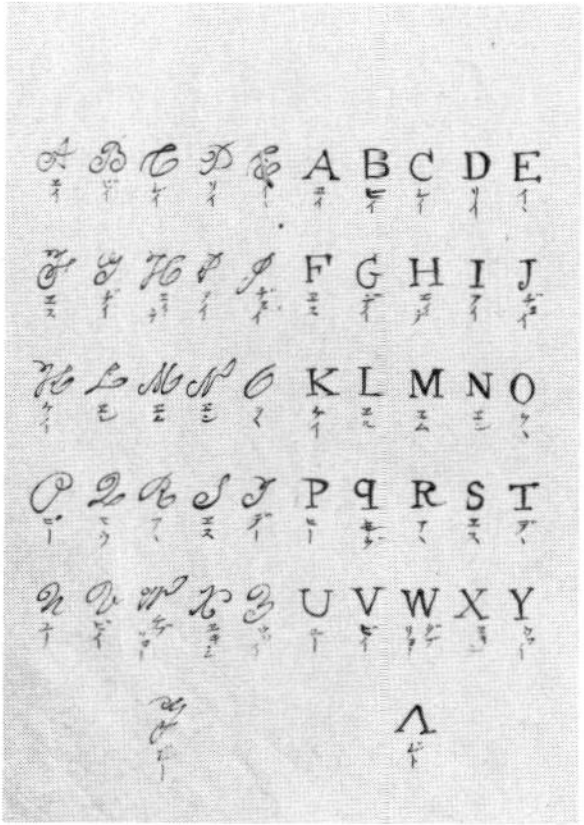


このことを考えてみると、西洋の学問を学ぼうとする者は、文章による書籍で勉強を始めるよりは、地名などの学習から始めるほうが、字の成り立ちなどが早く理解できるようになるのではないかと思われる。万次郎のもっている地図のなかから地名を抜き出し、それにたいする万次郎の発音をカタカ

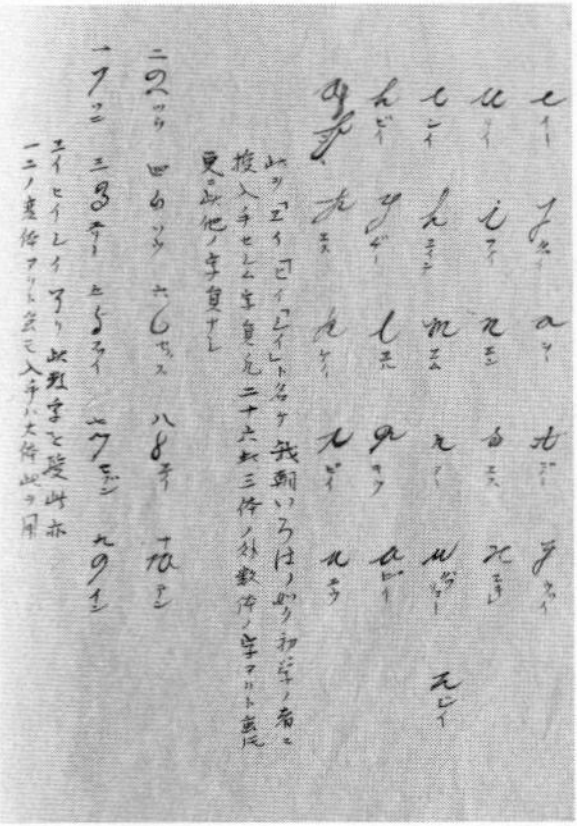

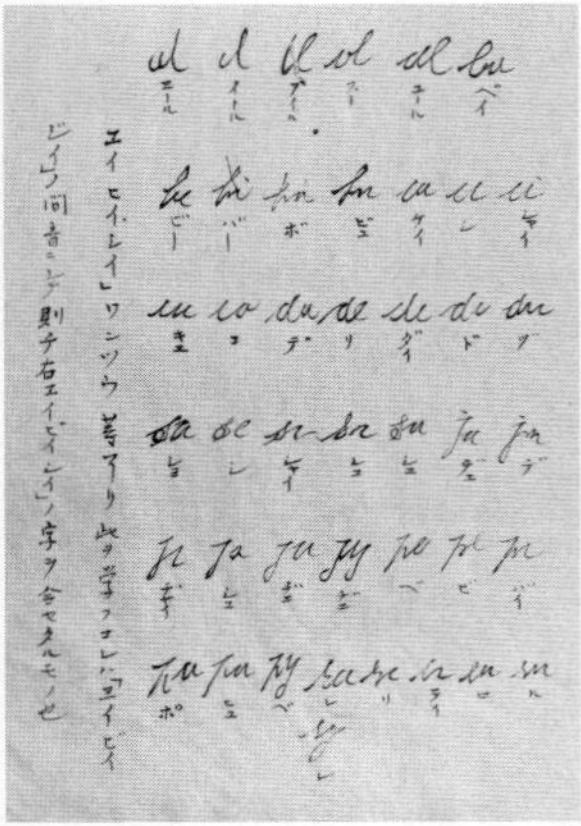

ナで付け、漢訳や旧訳などをこれに合わせた。これは、そうすることによってなじみのない人びとの理解の手引きの一助にしようと思ったことともに、西洋音による地名の註釈のようなものとしたのである。

（河田小龍による註終わり）

ホイットフィールドによれば、このフエアヘブンから二百五十里離れたところに、ニューヨーク《ヌーヨーカ》州のニューヨーク《ヌーヨーカ》という都市があり、そこがアメリカ三十余州の政治の中心となっているとのこと［ここは万次郎の聞き違い（勘違い）か。この当時も首都はワシントン］。

才能や学識を持った多くの人のなかか

ら、これぞと思える人物を選んで大統領とする。そして、その任期は、四年を限度とするが、その人の徳が高く、政治力も抜群であるならば、任期を重ねてその職を続けることができる。

大統領の在職中の一日の給料は、銀貨千二百枚（銀貨一枚は、日本の二貫五百文に相当）である。全国の才能ある者が、「われこそは大統領にふさわしい」という意気ごみで、相争ってこの都市に集まってくる。

現在の大統領は「テヘラ」「ザカリー・テーラー。第十二代大統領」という人物で、その政策は法にのっとって厳正であるという。このようにして社会が安定しているので、これ以上合衆国の政治に付け加えるものはないとのことである。

ホイットフィールドの兄、「ヂョーヂフィッツフェール」「ジョージ・ホイットフィールド」は、ニューヨークに住んでいる。この兄に会い、あいさつをして、かつ商用もすませたいと言って、ホイットフィールドはニューヨークに出かけていった。

八月ごろになって、ブリイヂというところからホイットフィールドの後妻になる「アルバッタネ」「アルバティーナ」という女性を連れて帰ってきた。そして、現在の家から五里ほど東にある「シカスキネム」「スコンティカットネック《Sconticut Neck》」という村に金千枚で家と土地を買い、新たに部屋を作って、アルバティーナと万次郎をともなってそこに引っ越した。

ウシ、ウマ、ブタ、ニワトリをたくさん飼い、農夫を雇ってキビ、ムギ、マメ、イモ、ウリ、青もの野菜、ヒルガオ、蔓草などを栽培した。万次郎も農夫の手伝いをし、時間のあるときは字の勉強を心がけるといった日々を送った。そして十月、十一月ごろから寒くなってきて、雪も降り、農作業も自由にできなくなったので、そういう時季は、一日中勉強に励んだ。

弘化《こうか》元年甲辰《きのえたつ》年（一八四四）の二月、ホイットフィールドが万次郎を呼んでこう言った。

「フェアヘブンにバーツレ［バートレット］という三十すぎの先生がいて、みなが博学多才だといっている人物である。その人を師として、読み書き、算術、測量を学びなさい」

この話を受け、即刻、万次郎はバートレット・スクールに入り、ホイットフィールドが指示した三分野の勉強を始めたのである。

同じ年のこと。ホイットフィールドとアルバティーナのあいだに男の子が生まれた。「ウリエンヘナン」［ウイリアム・ヘンリー］と名づけられたその子は、まさに玉のような美しい子どもであった。

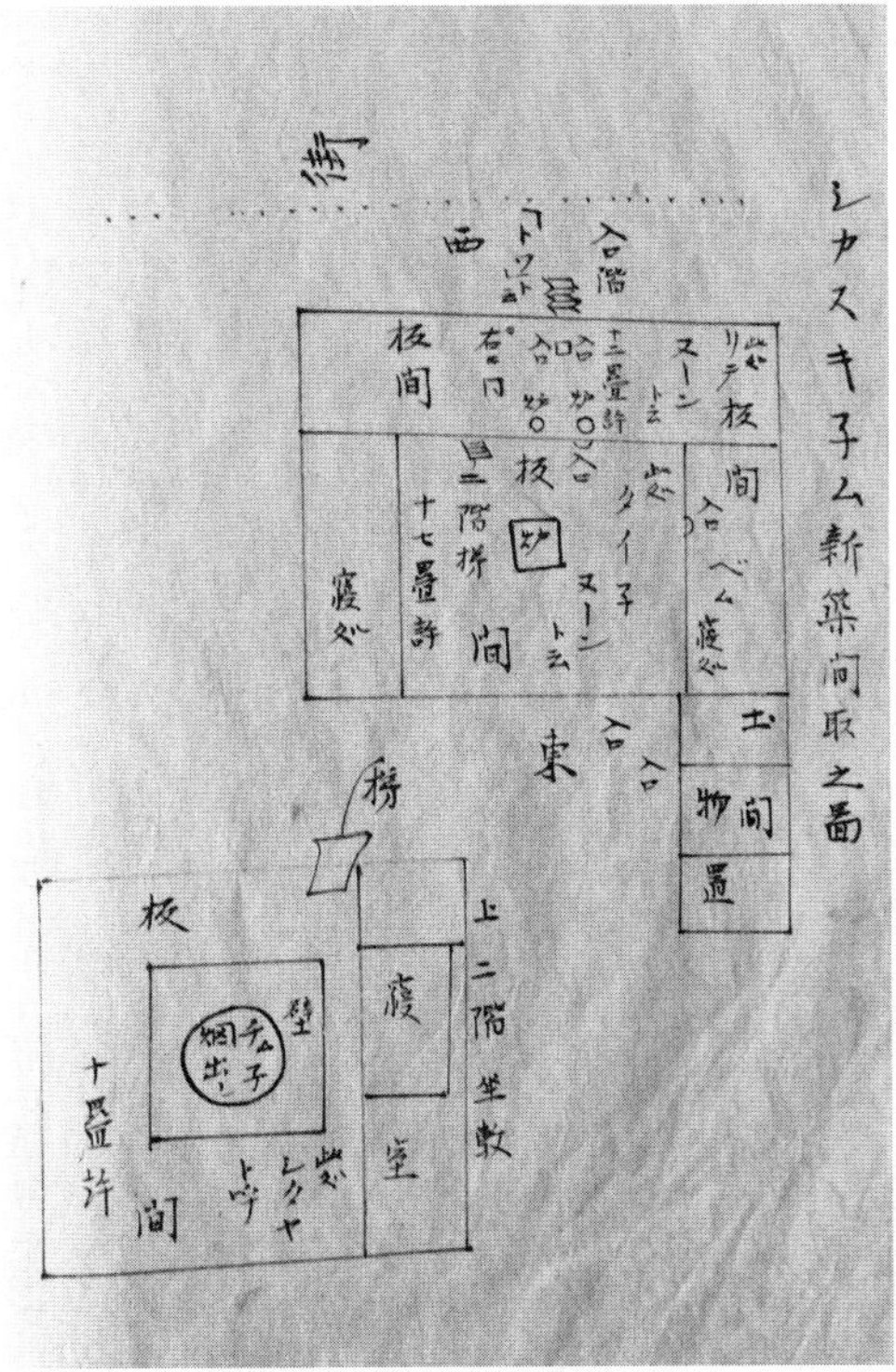

ホイットフィールド船長の新居の間取り図

ホイットフィールドには姉がいて、その人はかつて結婚していたのだが、夫が人妻との不倫で出奔したことで、いまはホイットフィールドのところに身を寄せている。この人もホイットフィールド家の子育てに加わることになり、赤ん坊には充分な愛情がそがれた。しかし、この後、ホイットフィールドが航海に出ているあいだに、その男の子が亡くなってしまうという事態が生じた。町の人びとは、かわいそうなことだとおおいに同情したのであった。

弘化二年乙巳《きのとみ》歳（一八四五）の五月ごろ、万次郎はニューベッドフォードに住む「ハジセ」「ハジー」という桶［樽］職人の男に弟子入りした。ただ、この樽づくりの修業中に思いがけず病気となり、フェアヘブンのホイットフィールド家に戻って療養することとなった。

そのころ、ホイットフィールドは次の捕鯨航海に出るための準備を進めていた。そして、それらがすべて整ったあと、ホイットフィールドは留守中のあれこれを万次郎に託して、六月下旬にニューベッドフォードから出航した。

弘化三年丙午《ひのえうま》歳（一八四六）の二月、病気から回復した万次郎はハジーの下に戻り、寄宿してさらに樽づくりの修業を続けた。その後、八月にはホイットフィールド家に帰ったのである。

さて、ニューヨークに住んでいる「アレンテヘス」［アイラ・デービス］は、かつては無人島から万次郎たちを救出した捕鯨船ジョン・ハウランド号の銛打ちであったが、いまではニューベッドフォードを母港とする捕鯨船の船長になっていた。そのデービスが、捕鯨に出漁すべく乗組員を集めていて、万次郎も雇われることになった。乗船は十月上旬である。

万次郎が乗り組んだ捕鯨船は、長さが二十八間［約五〇・四メートル］、船名を「フランキラン」［フランクリン］号といった。乗り組む船員は、二十八名。まずニューベッドフォードを出帆し、隣の「ボーシトン」［ボストン］港に入った。

ボストンは、人家およそ十万戸を数える大きな街で、近隣第一の良港である。停泊する船のマストが林立し、巨大な軍艦も数多く投錨している。

合衆国とメキシコのあいだに、「テキシトン」［テキサス］というところがあり、ここをめぐって両国が争っていた。話し合いを何年も続けていたが、ついに戦火を交えることとなり、戦闘はすでに三年を超えて現在に至っている。両国はさらに兵力を増強して、戦火を広げている。ボストン港にいま投錨している数多《あまた》の軍艦のごときも、この戦争に備えたものだという（西暦一八四七年、わが弘化四年になって、合衆国がメキシコに勝利した）。

ボストン港外の海岸には数基の砲台が見える。屋根の上には巨石を構築し、四層あるいは五層のその層のあいだごとに大砲を配置し、まるで城塞のような厳重な備えである。

ボーヒトン府馬頭之圖
高四百尺五百尺ニ盈
名ノ「チ、スト」ト呼
中間ニ巨大ノ

右：ボストンの海岸部
上：多くの船舶でにぎわうボストン港

ボストン港に停泊中のアメリカ軍艦。大砲が見えている

ボストン港外に築かれた砲台

この地で三日をすごした後、出航。北大西洋を帆走すること八百里で「ウエンタン」「ウエスタン。アゾレス」諸島のなかの「フハーヨー」「ファイアル」島に到達した。ファイアル島は周囲三十里で、気候は温暖。したがって、穀物で生えないものはほとんどない。住民の容貌は合衆国に似ているが、衣服のようすもまたよく似ている。

さて、アゾレス諸島を離れたあとは大西洋を南下して、「ケープバーダ」「ケープベルデ」諸島のなかの「セントチェゴ」「サンチャゴ」島というところに着いた。その島の住民の肌の色は漆黒で、頭髪は巻き毛で縮れている。ここで薪や食材のブタを買った。

そこからさらに針路を南にとり、赤道のあたりから南東に向かう。そして、「アフリケ」「アフリカ」の南端、「ケープゴリホッフ」「喜望峰」をまわって東に向かいインド洋に出て、次は針路を北にとる。その先に「アンシタダン」「アムステルダム」島という無人島があった。この海域で海亀を突き捕ったりしながら、針路を北東に向けた。

弘化四年丁未歳《ひのとひつじ》（一八四七）の二月、ジャワ島の東、「タイモー」「チモール」島の「コッペーン」「クパン」に入港。住民の家が二百軒ほどあり、その造りは、清国《ヂャイニ》の大工がやってきて建てたのだというとおり、いかにも中国風にできている。住民の肌の色は黒く、毛髪は長く縮れていて、体格は小さくはない。彼らの風俗は、この島を管轄している「ダチ」［オランダ人《Dutch》］のそれによく似ている。

ここで三十日ばかり滞泊して、水や薪を補給し、赤道のあたりを東に行ったり来たりしながら、「ヌーアイラン」［ニューアイルランド］島に到達、そこに停泊をすることになった。

この国は、かつて漂着者を待ちかまえていて、捕らえては食べるという悪習があったという。そのためか、島民の顔つきは獰猛《どうもう》で、肌の色は褐色、頭髪は短く、男女ともにほとんどの者が入れ墨をしている。

この島を離れ、南太平洋の「ショルマンアイラン」［ソロモン諸島］海域で鯨を捕獲、そして針路を北にとって、三月に「ギューアムー」［グアム島］に到達した。ここに三十日ばかり滞在したあと、船は真北に向かって進んでいく。

四月になって、ボーニン島［小笠原諸島父島］に到着。この島は最近まで無人島だったのだが、いまは裸島やその他の島から四、五十人が移住してきて、ここでイモなどを耕作しているという。この島に十日ほど滞在し、水を補給してから出航した。

この地［父島］で、四年前に日本の船が漂着したことがあったという。その船の人びとはほとんどが死んだのだが、たったひとり生き残った者がいて、スペイン船《イシパニシ》に救助されたとのこと。そして、その日本人はこの島に滞留したのだが、島の過酷な暮らしを嫌い、ある日小舟を盗んでひとりで海へと出た。彼がその後どうなったかは、誰も知らないという話である。

さて、万次郎が乗った捕鯨船フランクリン号は、それから針路を真西に向け、琉球諸島のなかの「マンピゴミレ」に着き、ボートを下ろして上陸した。そこでウシ二頭を買い、持ってきた綿布二疋を島人に与えた。

その後、東北東の方角に向かって帆走、日本の海域に入り、ハレケン島［鳥島］の近くで小魚を釣った。

八月ごろ、その地点から北東の方角二百里ほどの洋上で小さな漁船二十数隻が漁をしているのに出合った。そこで、こちらも船を泊め、帆を収めて、竿を出して釣りを始めたところ、カツオ二百尾あまりを得ることができた。

このとき、小さな漁船二隻がこちらの船に近寄ってきた。そうした状況のなかで万次郎はもってきた土佐の漁師の服である「どんさ」を着て、ハンカチを鉢巻きのように額に巻いて、船首に立って大声でその漁船を呼びとめた。

「ここは、どこの国だ？」

航海中に寄港した島の住民

万次郎がこう問いかけると、向こうが「陸奥国の仙台だ」と言う。これを聞いた万次郎は、急いで船からボートを下ろし、蒸餅［パン］二桶をもっていって仙台の漁船への贈り物とし、さらに尋ねた。

「土佐の国は、ここからだとどっちの方角になる？」

しかし、返ってきたのは「土佐のことは全然わからない」という言葉であった。そして、その漁船の男たちといくつかの言葉を交わしたのだが、まるで通じない。

ただ、日本の漁師たちがカツオを数匹持ち上げて、「これを差し上げよう」と言うので、「カツオは先ほどわれわれも相当釣ったので要らない」と身ぶり手ぶりで伝えた。すると、その日本人漁師たちは頭を下げて、万次郎が贈った「蒸餅」への謝意をしきりに示しながら帰っていった。

日本近海を離れたフランクリン号は東に向かい、十月になってハワイ諸島のオアフ島に到着、サウスハーバーに入港した。

そこでたまたま、以前に日本人がひとりこの地にやってきて、そのままここに住みついているという話を聞いたので、さっそくその家を訪ねて行った。すると、その日本人というのは、なんと寅右衛門であった。万次郎と寅右衛門は、互いの無事を喜び合い、そして互いのこれまでの数年間のなかで、自分自身や自分のまわりで起きたできごとなどを事細かに語り合ったのである。

そして、船頭の筆之丞は名前を伝蔵と変え、この地に住んでいたのだが、その弟の重助は昨年の正月に死んでしまったこと、伝蔵［筆之丞］は兄弟として、これをおおいに悲しんでいたのだが、その年の十月、ホイットフィールド船長に日本方面に向かう船を斡旋してもらい、下の弟の五右衛門をともなって帰国の途についたことなどの話も聞いた。

万次郎、寅右衛門、ともにお互いの来し方の苦労を嘆き、「この世のなか、なにが起きるかわからないなあ」などと慰め合った。

寅右衛門に別れを告げた万次郎がフランクリン号に帰ると、そこに一隻の捕鯨船が入港してきた。そして、その船には日本人が二名乗船しているという話である。万次郎は、急いでその船を訪ねた。すると、話にあった二人の日本人とは、なんとなんと伝蔵と五右衛門兄弟であることがわかった。

万次郎はもとより、伝蔵も五右衛門も、この出会いに驚嘆することこの上なし。まずはお互いの無事を喜び合ったあと、万次郎は二人に「帰国の船に乗ったと寅右衛門から聞いたが、どうしてまたここに戻ったのだ」と尋ねた。

これに答えて、二人は涙を流しながら、日本の海域にまで行ったこと、八丈や蝦夷地にも寄ったが帰国が叶わなかったことなどをすべて語った。これらの事情、経緯については語るほうも聞くほうも、ただただ涙するほかはなかったのである。

こうして二十日ほどオアフに滞在した後、万次郎は伝蔵たちとの別れを決意し、再会を約してフランクリン号に戻り、十一月上旬にオアフを出港。針路を真南にとり、裸島の海域で捕鯨漁を操業、その後、針路を北西にとり、またさらに真西に転進して航海を続けた。

嘉永《かえい》元年 戊申《つちのえさる》歳（一八四八）の二月、グアムに入港し停泊。このころから、船長のアイラ・デービスが精神に異常をきたし、その暴れようがあまりにもひどいので、鎖で拘束した。そして、「ルジョン」国［ルソン島］の「ムネラ」［マニラ］にはアメリカの領事館があるので、彼をそこに預けてアメリカ本国に送還してもらおうということで、四月下旬にグアムを出港した。

およそ世界の国々は、どこへでも航海をし、互いに交流し商いをしているので、万が一遭難したり、万次郎たちのような漂流事態になったときに適宜対応できるように、各国の要地や港に領事館を置いている。

以前、ニューヨークの船がわが江戸に来航したとき、この地に領事館を置かせてほしいと要請したが、聞き入れられなかった。そのために、一隻を先に帰したあと、

「本船はアメリカ本国に帰って報告をすませるが、その後、あらためて数隻と相応の人員を率いて再訪する」と通告したとのことである。この話は日本の幕府首脳にも伝わり、次の事態にたいする防御の備えを始めたと聞く。

その後、オアフで「フレン」「フレンド」という新聞にこのできごととその推移が書かれているのを見た。日本の事情については、この新聞がいちばん詳しいようである。

万次郎の乗るフランクリン号は、グアムを出港後、ほどなくルソンの海域に入ったのだが、風が起きて波が高く、船を浜に乗り上げさせようとするほどの荒天であった。そのため、操船に難儀したが、苦労しながら、ようやくマニラ港に入ったのであった。

マニラは、このあたりの国の中心地で、鱗《うろこ》のようにびっしりと人家が並び、その家の造りはことごとくよくできている。先の事情のとおり、この地でアイラ・デービス船長を下船させたので、ここから先は航海長「ネイケン」「エイキン」が船長に代わって指揮を執り、七月上旬にマニラを出港。近辺の海域で鯨を捕り、台湾沖、琉球沖を通って日本の海域に入るという航路で、捕鯨操業を続行した。

次は南に向かい、十月にグアムに到着。ここで三十日ばかり滞泊して、十一月に出帆。続いて南に針路をとって赤道下に進み、ニューアイルランド島近海で鯨を捕り、「ヌーキネェ」「ニューギニア」海域からは西に向かった。

嘉永二年己酉《つちのととり》歳（一八四九）の二月、「シㇶネマン」「モルッカ諸島のセーラム島」に入港。ここはオラン《ダ》ダ人《チ》が統治しているところだと聞く。ここで三十日ほど停泊。この地ではオウムを多く見かけたので、この鳥を家への土産にしようと思い、買い取って船で飼うことにした。

その後、「タイモー」「チモール」に到着。ここでもニワトリを購入して、その日のうちに出航、針路を真西にとってインド洋を帆走し、「モリテヨシ」「モーリシャス」の「ホーボン」に寄港。

五月には「マーテガースカ」「マダガスカル」近海を通過して、喜望峰をまわり、大西洋に入ってから、針路を北西にとった。そして、「シセンㇳヘリナ」「セントヘレナ島」を横に見ながら、さらに針路を北西にとり、六月には北アメリカの東海上に達したのである。

同年八月の中旬、ようやく母港のニューベッドフォードに帰着。先年、この港より出漁して以来、今日に至るまで実に四十ヵ月、そのなかで鯨五百頭、鯨油数千樽を得た航海であった。

万次郎も、この航海による利益の分配金、金貨三百五十枚を受領。上陸後、ホイットフィールド船長の家に帰り着くと、ちょうど氏も在宅中であった。そこで万次郎が今回の捕鯨航海の顚末を報告すると、ホイットフィールド船長もその修練の上達ぶり、りっぱな仕事ぶりをおおいに褒めてくれたのである。

さて、アメリカ合衆国のうち、「キヤレフォネ」「カリフォルニア」州という地域があり、そこには大金鉱がある。地名でいえば「センクリマン」「サクラメント」というところである。最近採掘が始まった金鉱なのだが、それにもかかわらず、誰でも採掘ができるという話が広まっている。

この話は万次郎の耳にも入った。そして、万次郎は「カリフォルニアに行って金を採掘すれば、必ず莫大な財産を得ることができるだろうし、そうなれば以後は何の不自由ない暮らしができると思う」という気持ちをホイットフィールドに伝え、ホイットフィールドに別れを告げて西海岸へ向かうこととなった。

嘉永二年（一八四九）の十月、万次郎は、旧知の「チュレ」「テリー」という男といっしょにカリフォルニアへ向かう船に乗り、フェアヘブン港を出航。船は「シテキリチ」「スティグリッチ」号といい、船体の長さは三十間ほどである。

出港後、スティグリッチ号は南東から南西に舵を切り、大西洋を一路南下して、南アメリカ南端の「ケープホーン」［ホーン岬］を越えた。そこから今度は一転、針路を真北にとって太平洋を一気に北上していった。

嘉永三年庚戌歳《かのえいぬ》（一八五〇）の四月、南アメリカ《ショーウスメリケ》の「チェリ」［チリ］の「ワペレーショ」［バルパライソ港］というところに入った。この地は、金・銀・銅を産出し、作物も豊穣。現地の人々は体格もりっぱで、港には商家やホテルがたち並んで繁盛している。

バルパライソに八日間滞在したのち、出港。針路を北北西から北西にとって帆走を続け、北アメリカ《ノヲスメリケ》の西海岸沖の海域に入り、五月下旬にようやくカリフォルニアに到達した。

ここ［サンフランシスコ］は太平洋に臨む大きな湾になっていて、貿易船や商船など多くの船の停泊港として重要な地域とされている。市街地は港の奥のほうにあって、すこぶる繁栄しており、三千戸以上の商店がびっしりとたち並んでいる。

この街に上陸して宿を求め、三日間滞留。ここで、「シチンボール」［スチームボート。蒸気船］と呼ばれている、これまで見たことのないような船に乗った。

「シチンボール」は、船体の長さが四十間あまりで、帆はひとつもなく、ただ船体中央に巨大な湯罐《ゆがま》を設置している。その湯罐で沸かした蒸気を用いて、船体の内外に取

「シチンボール」と記された蒸気船

りつけた鉄輪を回して動く。進んでいく非常な速さは、たとえるものがないほどのものである。

そのスチームボート《シチンボール》で大きな川をおよそ百十里ほどさかのぼり、サクラメントに到着。噂に聞いた金鉱の町である。

サクラメントに上陸して、「レイロー」「レールロード。鉄道、汽車」という、これまた見たことのないような車がたくさん走っていることを知った（この車は合衆国では多く走っていて、万次郎も一度乗ったことがあると言っている）。

「レイロー」は、三間四面の鉄箱に石炭を入れて燃焼させ水を熱し、発した蒸気を鉄箱に充満させ、その蒸気を鉄筒「パイプ」に導くように造られている。そして、先のスチームボート《シチンボール》と同じように、鉄筒を通ってくる蒸気を用いて車体に取りつけた鉄輪を回して動くようになっている。

この汽車に別の鉄箱を二十三〜二十四個つないで引いて走る。旅の荷物などは鉄箱の屋根の部分に載せ、その下の箱のなかに人が乗るようになっている。人が乗る部分には窓が左右に三つ取りつけられていて、そのすべてがガラス張りになっている。

走る汽車の窓から外を見ていると、風景や建物などすべてのものが横に流れていくようで、長くは見ていられないという。そのように、汽車は非常に速く走るものであ

「レイロー　火車」と記された蒸気機関車と列車

り、これまた世界中でも他にないものといえるだろう。

そして、山のないところ、つまり平地の続くところには、たとえ数百里の遠距離であっても、延々と鉄板「線路」を敷いて、汽車《レイロー》が走れるようになっているのである。

サクラメントを出たあと、あるときは馬に乗り、あるときは輿に乗って進み、馬が通れないところは歩いてゆく。そのような難所をやっと進んで五日を経たころ、そのほとんどを雪に覆われた高い山が現れた。「エエンナ」「シエラネバダ」という名の高山であった。

この山には三つの大きな川が流れていて、それぞれに「ノヲスー」「ノース」、「ジョーウィス」「サウス」、「メルル」「ミドル」と呼ばれている。そのなかのノース地域の管理や金座・銀座はすべて合衆国のものである。こうした事情を理解したうえで、その配下となり、金採掘に従事することになった。

そうして掘削道具を携えて金鉱に来てみると、ふだんは巨大な坑道をいくつも穿《うが》ち、その現場ごとに金を採掘しているのだが、ちょうど季節が夏の盛りということもあって、坑内の熱気は耐えがたいほどの状況になっている。「これは堪まらぬ」ということで、ほとんどの採掘者が川沿い、水際で採取作業をしているとのことである。ただ、その川べりでも深さ四尺あまり掘れば金鉱を探り当てることができた。

また、土砂のなかに混じっている「砂金」もあった。これを川の水で洗い分けて金を取り出すのだが、その方法には秘訣があるといわれている。金の他にも、銀、銅、鉛、錫といった数種類の鉱物もあったので、それらを採取する者も少なくなかった。

そもそも、この地は金の産出量が非常に多いので、年に月に、日ごとに繁華を重ねて、近ごろでは娼家も新しくできているし、市場にはあらゆる山海の美味を商う店も軒を連ねている。

ただ、こうした繁栄、繁華のなかで、ひとつ困ったことがあった。ならず者、やくざといった類の人間が徒党を組み、言いがかりをつけては他人の金品を奪ったり、さらには銃を用いて殺人に及んだりといった事態が生じているし、どうにも手のつけようがないような輩《やから》もかなり多くなってしまったのである。

この鉱山で雇われて以降三十日ばかり金採掘に従事し、そうして銀貨百八十枚を報酬として得ることができた。それを資金にして自前の採掘道具を買い求め、鉱山の労働者用宿泊所を出てホテルに拠点を移した。

その後は、もっぱら自前の仕事として金採掘に従事し、掘り出した金を直接金座にもちこんでは日に銀二十枚とか二十五枚といった対価を得たのである。ときには、まったく成果なしといった一日もあったけれど、合算すればけっきょく七十幾日かの金採掘作業で一ドル銀貨六百枚あまりを得たことになる。

こうしてある程度まとまった資金を得たことで、八月の上旬には金山を後にすることにした。

考えてみれば、こうした一獲千金のようなことは再三あることではない。もう少し稼ごうなどと考えるよりも、この金をもって早くハワイのオアフに行くべし。この金があれば船便を見つけて日本に帰る算段をつけるのもむずかしくないだろう。そうした思いを独りごちつつ、数ヵ月前に来た道を引き返していったのである。

サクラメントより蒸気船《シチンボール》に乗船。カリフォルニア郊外に戻ったのち、オアフへ渡航するための船を探し求めているうちに、ニューヨークの船で「エライシヤ」「イライザ」号という船が見つかった。この船はふつうの捕鯨船の倍ほど大きいもので、これがオアフへ向かうとのこと。さっそくこの船便を利用するべく話を進めた。

万次郎が乗船したイライザ号は、カリフォルニアを出て針路を南西にとり、一路ハワイのオアフへ向かう。そして十八日の航海ののち、無事オアフに入港。万次郎はコンナの家に入り、イライザ号には船賃二十五枚を支払ったのであった。

漂巽紀畧　巻之三　終

# 巻之四　万次郎、伝蔵と五右衛門をうながして　いっしょに帰国を果たす話

嘉永三年庚戌歳《かのえいぬ》（一八五〇）の八月下旬、カリフォルニアから出航した万次郎はようやくハワイのオアフ島に到着、上陸した。そうして、先年より当地に在住の寅右衛門に会い、伝蔵と五右衛門の兄弟がホノルルから五里あまり離れた「ハナウリウリ」というところで暮らしているということを聞いた。

この後、伝蔵と五右衛門を呼び寄せ、寅右衛門と万次郎の四人が集い話し合うなかで、万次郎は強い帰国意思を表明した。それにたいして、伝蔵と五右衛門は賛意を示し、船便などの確認を急ごうと言った。しかし、いっぽうで寅右衛門は次のように言って帰国の話に同意しなかった。

「以前に伝蔵と五右衛門は、はるかに遠い海を越えて、蝦夷地や八丈あたりまで行ったのに帰国を果たせず、けっきょく、ハワイに帰って来ざるをえなかったではないか。いままた、帰国を試みようという話だが、そうした命がけの苦労をするよりも、

すでにこの土地に住み慣れているのだから、このままここで一生暮らしてもいいと思う」

これを聞いて、万次郎、伝蔵、五右衛門の三人は寅右衛門もいっしょに帰国するよう懸命に説得したのだが、寅右衛門はどうしても聞く耳をもたない。この上はしかたなし、と判断した万次郎たちは、寅右衛門をこの地に残すことにした。

帰国意思を固めた万次郎、伝蔵、五右衛門の三人は、次のような計画を話し合った。

まず、日本近海を通る船便を使うとして、日本の南部に位置している琉球国にいったん上陸するのが帰国の段取りとして妥当であること。したがって、航路のなかで、琉球国が見えてきたら、ボートを下ろして上陸するのがいちばんの良策であること。万次郎が金山で稼いだ大金があるので、上陸用の堅固なボートを選んで買うこと、などなど。

こうした相談のもと、大円銀貨二十五枚という大金を使ってボート一艘と帆や楫、綱などの船具いっさいを購入し、あとは日本近海航路をとる船便を毎日待っていたのである。

九月の下旬になって、合衆国《メリケ》の船が一隻入港してきた。その船には、日本人が乗っているという話。さっそく訪ねてみると、紀州日高《ひだか》の「天神丸」という九百石積みの船の乗組員たちであった。船頭の寅吉《とらきち》五十歳以下、菊次郎《きくじろう》三十四歳、市次郎《いちじろう》三十六歳、吉三郎《きちさぶろう》二十五歳、佐蔵《さぞう》十九歳といった五名の面々である。

　この人たちによれば、十三名の乗り組みで紀州産の蜜柑や漆器を積載して江戸に運び、江戸でそれらを下ろした後、荷を米三百石と干鰯《ほしか》数百籃《かご》にかえて江戸湾を出港したという。その後、紀州に帰る航海中、相模《さがみ》沖にさしかかったときに遭難して漂流、西南西の方向の洋上に流されて苦しんでいたとのこと。そうしたなかで、合衆国の船三隻に出合い、そのうちの二隻に乗組員仲間十三名のうち八名が二班にわかれて移乗、もう一隻に残る五名が移乗。そういう形でそれぞれアメリカ船に助けられたが、中国に送ってくれることになった八名とはその時点で別れてきた。残りのわれわれ五名も、いま乗っているこの船が中国へ行く商船だと聞いたので、頼んでアメリカ船から乗り移ってここまでやってきたのだとのことであった。

　伝蔵や万次郎は、この話を聞いて大喜び。これは天の助けである、彼らといっしょに帰国を果たそうではないか、と思い立ち、さっそくその船の船長にかけあって乗船許可を取りつけることに成功した。これを聞いた紀州の船頭寅吉たちもおおいに喜んで、ひとときいっしょに親しく語り合うこととなった。

そうしたお互いの苦労話のあれこれのなかで、伝蔵は、以前にも兵庫の人で善助、江戸の人で藤兵衛といった人たちも漂流の末にこの地にたどり着き、思いもかけぬところで自分たちと知り合いとなったのだった、という話をした。そして、彼らとも親しくなった上で、いっしょに帰国しようと約束し合ったのだが、二人のときにはともに船便を得ようとしたそのたびに先方の船長との交渉がうまくゆかず、自分たちは帰国を果たせなかったという思い出話をし、今回こそは帰国の念願を果たしたいと喜びながら語ったのである。

これを聞いた寅吉は、話に出てきた兵庫の人で善助という人は、もとは紀伊の人で、その祖父の代までは紀州藩の武士であったのだと言った。そして、善助の代に落ちぶれて、善助は兵庫の商人高田屋《たかだや》嘉十郎《かじゆうろう》の親族の者の船の船頭になり、いまの話に出た漂流からの帰国ののち、たまたま叔父が亡くなり、跡取りがいないというので善助が跡取りとなって、いま八十石扶持の武士になったと紀州にいたころに聞いた、という話をした。

さて、万次郎は、アメリカ本土にいたときに「桶〔樽〕づくり」を修得していたので、乗りこんだ船にあった壊れた樽を修繕してやったのだが、その対価の多寡《たか》について船長と悶着《もんちやく》が起こり、そのため万次郎が乗船を拒否される事態となった。

この状況のなかで伝蔵は、人情として万次郎ひとりを残して自分たちだけ乗船して帰国するというわけにはゆかぬ、と判断。そのことを先方の船長に告げ、寅吉たち一行をよろしく頼むとあいさつして別れようとしたのである。

寅吉たちはこの思わぬ成りゆきに大いに驚き、騒動の仲介を試みて和解にもっていこうとしたのだが、けっきょく不調。十月中旬までホノルルに逗留した寅吉たちであったが、こうなってはどうにもならず、しかたなく伝蔵、万次郎たちと別れることとなり、他日の再会を約して出港していったのであった。

そのころ、北アメリカ《ノウスメリケ》の「バーケーメーン」［メキシコのマサトラン港か］の大型船が入港してきた。この船が中国の「センパイ」［上海］に向かうために、乗組員を募集しているという話である。その船の船長「フィッモーワ」［ホイットモア］は「アレバマ」［アラバマ］の人で、万次郎にとっては聞き覚えのある人物であった。そこで船を訪ね、船長に会って、「自分たちはこのたび、日本へ帰国しようと決心した。もし、よろしければ、日本の近海までわれわれを雇っていただきたい。そうなれば、これほどありがたいことはない」と懇願した。

これを聞いたホイットモア船長は、「中国から帰る際に船員を雇うのは簡単だが、あなたたちを日本近海で下船させたあと、そこから中国までの航路に船員がいなくなるのが困る」と言う。そこで万次郎は、さらに次のように言葉を重ねて、船長の説得にかかった。

「伝蔵と五右衛門の兄弟はこういう大型船の仕事に慣れていないので、たぶんあまり役に立たないだろう。だから、私が彼ら二人分の働きをするつもりである。それに免じて彼ら二人を日本近海の琉球まで乗船させてほしい。二人が下船したあとも、私がひとり、中国に着くまでこの船で働こうと思っている。それに、私が働いた分の賃金は不要である。こういうことで、ぜひわれわれをこの船に乗せていただきたい。便乗をお許しくださることが、すなわち雇い賃である」

万次郎のこの重ねての請いにたいして、ホイットモア船長はやっと応諾の返事をしたのであった。

いっぽう、伝蔵と五右衛門兄弟は、以前に帰国の念願がかなわなかったことがあるので、今回の企図も成功するかどうかわからないと思い、オアフの人たちには帰国計画を秘密にしていた。したがって、今回の大型船への乗船も、ただ中国行きの船に雇われたので、しばらく留守にするだけのことだとして、知り合いたちにも永の別れとなるあいさつをせずにいたのである（この件については、五右衛門は現地で妻をめとったので、不人情ながらやはり帰国するためにはしかたなしということで、秘密にしたのだとも言われる)。

じつは万次郎も、お世話になったホイットフィールド船長にたいして、カリフォルニアの金山で働いたあと、そのままハワイのオアフ島に直行したことを知らせていな

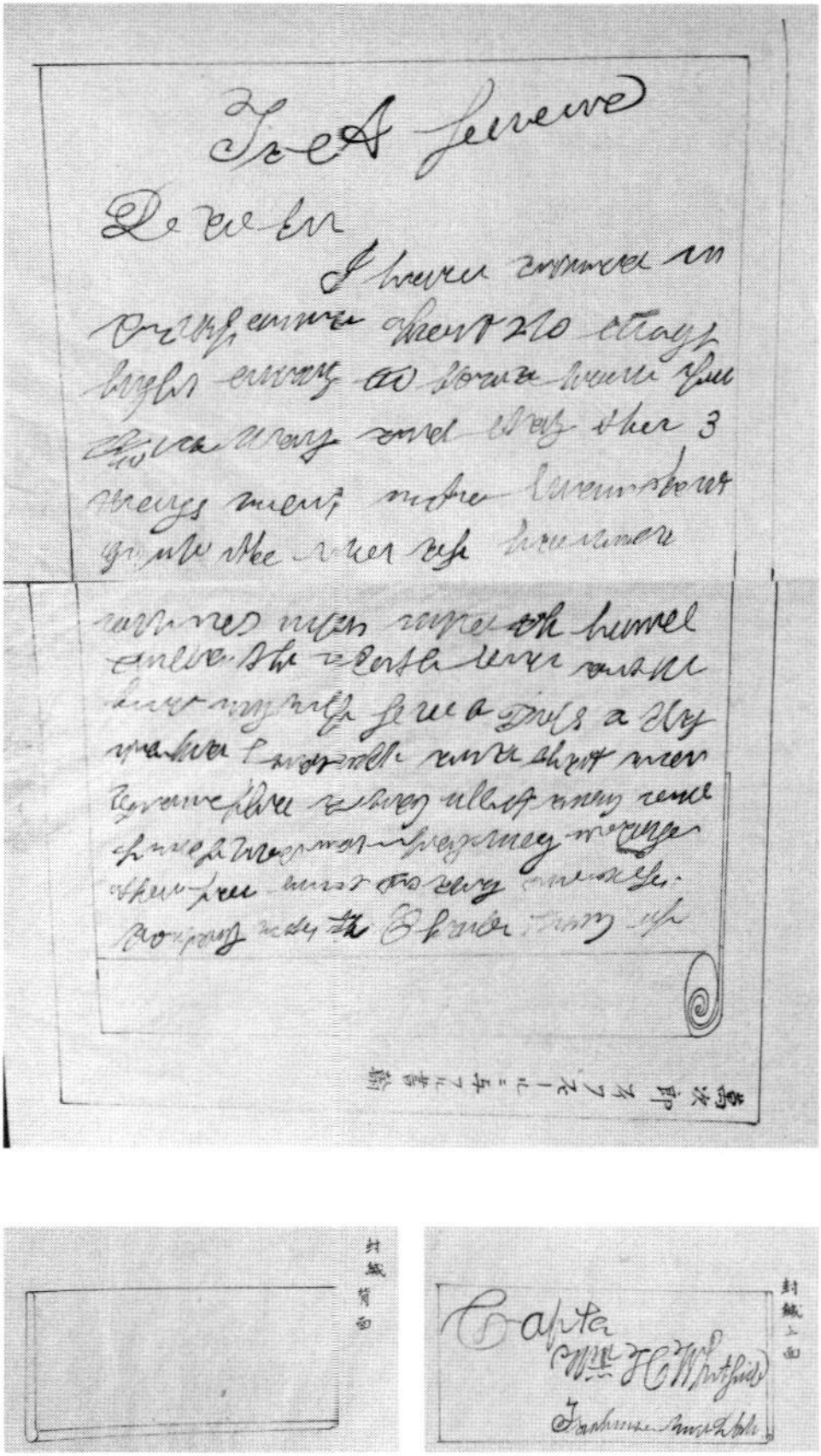

万次郎からホイットフィールド船長への手紙

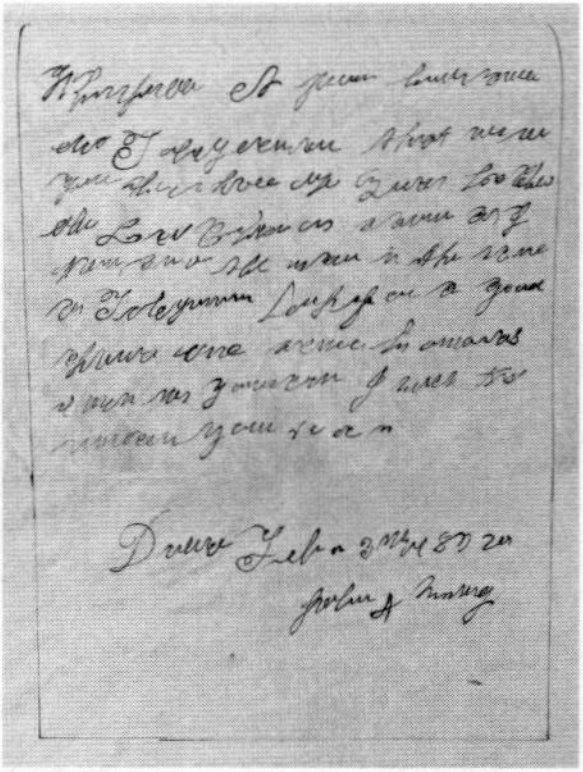

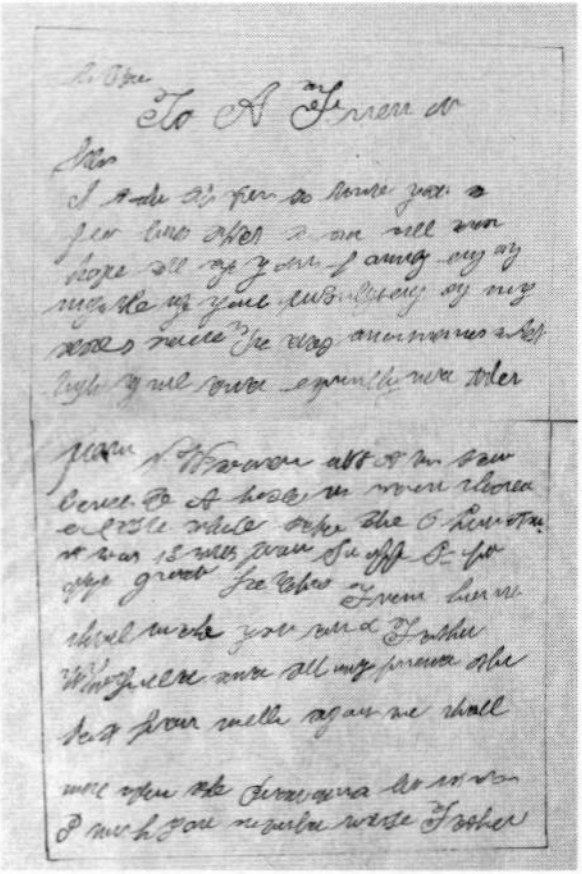

万次郎からホイットフィールド船長への手紙（続き）

かった。そうした経緯もあり、また、いまこうして中国行きの船に乗船できる段取りができたということもあって、あらためてホイットフィールド船長あての手紙を書こうと思うにいたった。手紙の内容は、次のようなことである。

私は少年のころより、あなたに育てていただきました。そのおかげで、このように成長することができました。もちろん、この厚い御恩は片時も忘れてはおりませんが、ひとつも恩返しができぬままに時がすぎ、結果としましては、私はオアフの伝蔵たちといっしょに、いま、日本へ帰ろうとしています。この恩知らずの行動は大罪に等しいものです。ただ、これから生きていくなかで世のなかが変わり、いろいろな事情が巡りめぐって、またふたたびお目にかかれる機会もあるのではないかとも思っています。できましたら、ご慈悲、ご寛恕《かんじょ》をもって私をお許しいただければ幸甚です。私が船長の家に残してきた金銀や衣服、もろもろの道具の類はそのまま置いていきますので、もしご入り用のことがあればなんなりと使っていただければ、と思います。また、私の書籍や文房具などは、私の友人たちに分けていただければありがたく存じます。*

こういった事細かなことを記した手紙を、万次郎はフェアヘブンのホイットフィールド船長あてに送った。

*なお、実際にホイットフィールド船長に送られた英文は以下のとおり。
I never forget your benevolence to bring me up from a small boy to manhood. I have done nothing for your kindness till now. Now I am going to return with Denzo and Goemon to native country. My wrong doing is not to be excused but I believe good will come out of this changing world, and that we will meet again. The gold and silver I left and also my clothing please use for useful purposes. My books and stationery please divide among my friends.
John Mung

さて、さまざまな準備を整えたのち、はしけで積み荷を運び、本船への荷揚げをすませ、琉球への上陸用ボート及び船具も積載完了。いよいよ、十月の下旬、万次郎、伝蔵、五右衛門を含む十八名が乗り組んだ船は、オアフを出港。針路を西北西にとって、中国上海に向かう海上三十余日の航海に出たのである。

嘉永四年辛亥《かのとい》歳（一八五一）の正月、北緯二十五度の琉球付近に達したときに、ホイットモア船長は、万次郎を呼んで、「おまえたちは、中国まで同行してくれるつもりはあるか、ないか」と訊ねた。これにたいして万次郎は「伝蔵、五右衛門の兄弟二人は、当初の予定どおり琉球に上陸させるべく下船させ、自分ひとりは中国までいっしょに航海するつもりである」と答えた。

万次郎のこの応答を聞いたホイットモア船長は「もし伝蔵と五右衛門の二人が船を下りないと言えば、おまえもいっしょにこの船にとどまる、というのならわかる話である。ここから先の航海に船員が足りなくなるのは困るが、そこは私が我慢することにしよう。だから、伝蔵、五右衛門の二人といっしょに、おまえもここで下船すればよい」と言って、じつに寛大な判断をしてくれたのである。

そうこうするうちに、船は琉球まで十里ほどのところまで近づいたので、ホイットモア船長は、早く陸地に船を近寄せるよう大声で指示をする。陸のほうから風が吹き起こってきたが、それでも翌二日の午後には陸地から三里ほどのところまで近づいた。そこで船長は三人に向かって「琉球国は目の前だ。心配しないで、早く上陸するように」とうながすのだった。

万次郎は、この状況をオアフに残った寅右衛門に伝えようと急ぎ手紙をしたためた。その内容は、次のようなことである。

「オアフで別れたのち、航海中の風も順調で、たったいま、われわれ三人は当初の計画どおり、琉球国に上陸しようとしている。ここまで来れば、日本本土への帰還も近いうちにかなうことだろう。このように、帰国はそれほど困難なこととは思われないので、おまえも次の中国航路の都合のよい船を見つけて、必ず帰国するように」

そうして、万次郎はこの手紙を、アメリカの領事館員でオアフに赴任する「シャムエール」「サミュエル」という身元の確かな人物に託した。

ほどなく、ホイットモア船長をはじめ、船員みなに別れを告げるときがきた。そのとき、船長は万次郎を呼びとめて一枚の地図を取り出し、その図のなかの琉球を示しながら、ここは上陸には向いていない、この地点が上陸に都合のよいところであるなどと、的確な助言を与えた。その上で、「万一、上陸が難しいということになったならば、本船に戻ってくればよい。われわれはここにとどまって、おまえたちが琉球に上陸できたかどうかを見届け、その成功を確認してから出帆するから」と、事細かに言葉をかけてくれたのである。

万次郎は、この船長の言葉に感謝の意を表し、菓子やパンなどの食べ物をもって舷側に下ろしたはしごに向かう。伝蔵と五右衛門は、すでに海上に下ろしたボートで万次郎が下りてくるのを待っている。

オアフを出るときから上陸用にと購入し本船に積載してきたそのボート「アドベンチャラー号」は、万次郎が飛び乗るとすぐさま帆を開き、帆走を始めた。万次郎と伝蔵が舵を取り五右衛門は櫂《かい》を漕いで、針路を船長に教わった方向に定めようとする。しかし、荒れ狂うような波がボートを高くもちあげたり、一気に落としたりするので、伝蔵と五右衛門は驚き、また慌てふためき、五右衛門は恐怖におののいた。そして五右衛門は「これではまた漂流してしまうぞ！　どうしたらいいんだ！」と兄の伝蔵を呼びながら泣きわめき、櫂を漕ぐのもままならぬようす。万次郎はこれを叱りつけ、帆を巻いて五右衛門の櫂を奪い取り、遮二無二漕いで、やっとのことで入り江の入り口にたどり着いたのであった。

これを見届けたのか、ホイットモア船長の本船は北西の方角に遠ざかり、瞬く間に見えなくなってしまった。

まもなくその日も暮れ、万次郎たちは湾内の磯辺から一里ほど離れたところにボートを停泊させることにした。

翌三日の朝、磯辺に人がやってくるのを五右衛門が見つけ、万次郎と伝蔵に知らせた。そうして、三人でよく見ようと目をこらしたが、伝蔵などはこの二、三日、夜寝ていないということもあって眼が疲れており、視界がはっきりしない。それでも、釣り竿を持った男が三、四人いることがわかったので、伝蔵はボートを下りて彼らに近づいていった。

すると、釣り竿を持った男たちはおおいに驚き、逃げ去ってしまったのだが、やがてそのうちのひとりが戻ってきて、伝蔵になにか呼びかけた。これに応じて伝蔵も走り寄ってあいさつの言葉を返したのだが、どうも通じる気配がない。

伝蔵はボートに戻ってきて「どうもここは言葉が通じないところのようだ」と言いながら、顔をしかめた。しかし、落ち着いて考えてみれば、人が何人かいるということは人家、集落があるということだろう。それならば、さっそくそこを訪ねてみようではないか、と思い立ち、万次郎といっしょに磯辺に上がって人家、集落を探しに出かけることになった。

伝蔵と万次郎が人家を探していると、今度は四、五人の男がやってきた。伝蔵が急いで近づき、ここはなんというところなのかと地名を訊ねると、相手方のうちに年若い者がひとりいて、その男が日本の言葉で「ここは琉球国の摩文仁間切《まぶにまぎり》［現・沖縄県糸満市］というところである」と言った。そこで伝蔵は続けて「人家、村はあるか」と訊くと、「ここから二丁ほど行ったところに、人家が三十戸ばかりある」と答えた。

そしてこんどは、その若者が伝蔵に「あなたたちはどこの国の人で、どうしてそのような姿形をしているのか」と聞き返してきた。

伝蔵がこれに答えて「われわれは日本の本土より出漁したのだが、漂流してしまい、長いあいだ外国で暮らしていた」と簡潔に話をすると、若者は得心したように頷いて、疲労の色を漂わせる伝蔵に同情を寄せた。そして、伝蔵の肩を抱き、「こうして出会ったのだから、われわれはあなたがたの世話をしたいと思う」と言った。さらに、「必ずうまくいくように取り計らうので、なにも心配することはない。まずは、一丁ほど北に行ったところによい船着き場があるので、そこへ船をまわせばよい」と言って帰っていった。

伝蔵は、彼らの助言どおりに磯辺に泊めてあったボートを北へ一丁ほど動かし、彼らに別れを告げた。そうして停船させた伝蔵は、湯を沸かし茶でも飲んで一息入れようと思い、先に本船から贈られた琺瑯瓶《ほうろうびん》を万次郎と五右衛門に渡して、これに水を汲んでくるよう頼んだ。

ちょうどそのとき、村の人たちが集団でやってきたので、水がほしいとしぐさで示したところ、その人たちは万次郎と五右衛門がもっていた珐瑯瓶を奪い取るようにして四、五軒の人家があるところまで連れてゆき、それに水を入れてくれた。そして、その水といっしょにサツマイモやサトウキビなどを丸い器に入れて与えてくれたのである。

そうこうしているところに、人家にいた老人や子どもたちも含め、村人がぞろぞろ出てきて、万次郎たちの姿形が非常に変わっていて怪しげなことを口々にいい立てながら、それぞれに興味津々で見つめていた。

さて、先に伝蔵と浜辺で出会って、伝蔵たちが漂流から長年を経て帰国しようとしていることに同情を寄せた村人たちは、その後すぐにこの事情を役所に届け出た。そして、こんどはさらに多くの人びとが連れ立ってやってきて、次のように伝蔵たちに告げた。

「われわれは役所の指揮、指示のもと、ここにやってきたのである。あなたがたの船と荷物はすべて私たちにゆだねるようにしてほしい。これは役所の命令である」

そうしてみなでボートを陸揚げし、船具いっさいとともに役所に送ったあと、一刻

琉球國
村落之圖

琉球の村人たち

も早く役所に出頭したほうがよい、と言うので、伝蔵たちはその言にしたがうことにした。

その後すぐに、伝蔵、五右衛門、万次郎の三人がそろって現地の役所に出向くと、蒸しイモなどなにがしかの食べ物が与えられ、日本本土からの漂流とその後の経緯についての取り調べもあった。

取り調べの終了後、役所から三里ほど離れたところにあるこの島第二の都とされる那覇《なは》に伝蔵たちを送致しなければならないということになり、三人の役人が護送の書面を作成し那覇に向かい出発した。

外は雨上がりで、道路はぬかるんで滑る。伝蔵は脚が痛み、五右衛門も万次郎も大いに疲労がつのって、歩みは甚だ遅い。現地の役所を出発してまだ数里も行かないうちに日が暮れた。

夜間の移動となったのでたいまつをともしながら進むうちに、とうとう真夜中になったころ、ようやく目的地の那覇まであと四丁ばかりというところにたどり着いた。そこに那覇から急ぎの使者がやってきて、「オナガ」村［現・沖縄県豊見城《とみぐすく》市字翁長］というところまで引き返すように、と通達してきた。

一行はこの通達にしたがい引き返そうとしたが、伝蔵たち三人は歩行も苦しい状況で、松の木の脇の四ツ辻に筵《むしろ》を敷いて休み、粥を食べて少し睡眠をとった。そうする間に竹駕籠が用意されたので、三人ともそれに乗って西南の方向に進み、オナガ村に到着した。

オナガ村に到着後、農夫と見える男の家に入った。その家の主人の名前は「ペイチン」という。

そこで一息入れる間もなく、次の通達の使者が来て自分についてくるようにと言うので、すぐにしたがってペイチンの家から出て北西の方角に向かった。二丁ほど進んでから、また別の農家に入ったのだが、そこはペイチンの上役と思われる人の家であった。そして、ここへまた新たな役人が四、五人やってきて、再度、漂流の件についての事情聴取があった。

漂流の最初から語りはじめ、語り終わるころには、とうとう夜が明けた。鳥の声も聞こえてくる。こうして、万次郎、伝蔵、五右衛門の三人は、ようやくペイチンの家に帰ることになった。

翌四日、早い時間から前夜の農家に呼ばれ、行ってみると薩摩《さつま》からの役人が槍持ちをしたがえてやってきた。そして、あらためて漂流の一件についての詮議があった。また、琉球上陸用に使用したボート及びその装具や船具など諸々の物品についての調査も完了したので、万次郎たちはペイチンの家に戻った。

この後、ペイチンの家が役人や万次郎たちのための官舎となった。そのため、ペイチンの一家は自宅の前隣に仮住居を建てて、妻や「シグワア」「ウシグワア」などと呼ばれる女児八人を連れてそこに住むことになった（この地は一年中サツマイモなどの収穫物があるし、婦女子は芭蕉から芭蕉布を作る。ただ、芭蕉の実は食用としていない）。

万次郎たちの宿舎となったペイチン家には薩摩の役人が五名、琉球の役人が二人、それぞれに五日、七日ごとの交代制で詰め、三人の監督警護をした。三人の食事については、琉球の料理人がやってきて調理をしたのだが、その食材、献立は飯のほか、ブタ肉、トリ肉、鶏卵、イモ類、マメ類、魚類などであった。

また、琉球王より単衣《ひとえ》や袷《あわせ》の着物、帯など新調のものが下賜され、焼酎も一斗を賜った。夏にいたっては、蚊帳二張が与えられた。

七月十一日、薩摩の役人が七名、二名の槍持ちをしたがえ、馬に乗ってやってきた。そして、万次郎たちを那覇に移送するので、一同すぐに準備をするように通達。これを受けて、みな急いで新しい衣服に着替え、駕籠に乗って出発しようとすると、顔見知りとなった村人たちが涙を流して別れを惜しんでくれたのであった。

夕刻になって、那覇の港に到着。七名の薩摩の役人とともに薩摩藩船に乗りこむ。役人たちは万次郎らを警護しつつ、万次郎たちが上陸用に使ったボートとその装備品も、この藩船にいっしょに積載した。そして、ここで滞留すること数日、好天を待って出港することとなった。

同月十八日、晴天となり、風も順風。すぐに準備を整え那覇港を出た船は、一路薩摩をめざして航海すること数日、七月末に鹿児島湾の入り口にある山川《やまがわ》港に入った。八月一日、山川港で小舟二艘に乗り換えた一行は、夜間にさらに鹿児島湾の深部に進み、鹿児島港に入って、そこで上陸。西田町下会所《にしだまちしたかいしょ》というところで一時滞留することになった。

西田町下会所では、毎日やってくる番人に見張られていたが、ある日、薩摩藩主［島津斉彬《しまづなりあきら》］からの命令があった。それは「食事その他、すべてのことにおいてこの三人の漂流民の要求に応じ、丁寧に接するように」とのことで、それからというもの、毎日酒が出され、賓客のように扱われて、飽食するようになったのである。その後も、島津公の命令で新しい衣服一式、それに金一両が三人それぞれに与えられた。

九月十八日、漂流民のことが御公儀に聞こえ、彼らを長崎に送致せよという命が下った。即日、三人は長崎に向かうべく鹿児島を発《た》った。槍持ち付きの役人が五名とその部下五名が随行して、万次郎たちを警護する。万次郎たちのボートとその装備品は荷役が運ぶ。

　こうして徒歩で旅程を進め、二十二日に向田《むこうだ》［現・鹿児島県薩摩《さつま》川内《せんだい》市向田本町］というところに到着。そこから川舟に乗って十三里ほど下り、京泊《きょうどまり》［現・薩摩川内市港町］という河口の港に至った。

　京泊の港で、こんどは紋所を染め抜いた絹の紫幕が垂らされた勢騎船《せきぶね》［関船。船足の速い大型の軍船］に乗り換えて西北に帆走、二十九日になって長崎湾に入った。

　十月一日、長崎に上陸した一行は奉行所におもむき、万次郎、伝蔵、五右衛門の三人は白洲《しらす》に召し出された。そして、漂流のおおよその経緯を聴取されたのである。

　長崎奉行所では、およそ九寸角の真鍮《しんちゅう》の板に人形《ひとがた》を彫ったもの［踏み絵と思われる］が出され、それを踏むように命じられた。三人とも命じられたように踏み終わると、長崎奉行の牧志《まきし》摩守《まのかみ》さま［牧義制《まきよしのり》］による直々の取り調べがあった。

　その後、佐倉町の揚《あが》り屋に入牢の形となり、案件ごとにたびたび白洲に召し出されたが、もちかえった品々のうち、万次郎の世界地図についての取り調べをもって、それらも終了した。

　そのほか、海外に長くとどまった経緯、漂流以来経験したできごとなどについて、

長崎奉行所で踏むよう命じられた真鍮板

逐一の詮議があり、けっきょく、揚り屋で三日間の入牢という罰を与える旨の判決が下った。

その「三日の入牢」という、いわば形ばかりの罰が終了し、放免となったあとは、日本風の姿形にしてよいという許可が出て、三人は帰国以来ようやく月代《さかやき》を剃って洋風の頭髪から髷《まげ》にした。

ちょうどそのころ、かつてオアフで知り合い帰国を語り合った紀州の寅吉以下五名が、中国から長崎に護送されてきて、揚り屋に入牢となった。奇遇というべきか、お互いにこうして無事に帰国を果たし、またふたたび会えたことに驚きつつ喜び合い、海外にいたころの苦難、労苦を語り合ったのであった。

嘉永五年壬子《みずのえね》歳（一八五二）

の三月、寅吉たちに紀州から迎えの役人が来て、彼らは長崎を離れることになった。

そうして、寅吉たちは万次郎たちと再会を約し、別れを惜しみながら故郷に帰っていった。

このことがあってのち、万次郎たちは、自分たちにもそれほど遠くないうちに故郷土佐からの迎えがあるに違いない、と指折り数えて待つようになった。

そうこうするうちに、六月二十三日、土佐の役人堀部某以下十六名と浦役人が一名、それに伝蔵たちの家族二名の一行が長崎にやってきたのである。

伝蔵、五右衛門、万次郎の三人が奉行所の呼び出しに応じ、奉行所の白洲に控えると、正面に長崎奉行牧志摩守さま配下の上級役人が列席、側面に土佐の役人堀部某が座っている。浦役人と万次郎たち三人は白洲に跪《ひざまず》いて、言葉をかけられるのを待っている。

そうしたなか、牧志摩守さまが三人の漂流についての大略を口述。その後に、海外に滞在中にキリスト教の信者になることもなかったようなので土佐への帰国を許すが、以後は土佐藩から出ないこと、もし死亡したら報告すること、いっしょに漂流した他の二人、寅右衛門については彼が海外での暮らしを選んだ事情、重助についてはハワイで死亡した経緯などを彼らの家族に伝えること、といったいくつかの条項も、併せて通達したのであった。

こういった通達事項をひと通り拝聴したあと、三人の通称を記した書面に中指の爪印を押した。そして、彼らがアメリカやハワイからもちかえった諸々の物品のうち、砂金、銀貨、銅貨、英文書籍、資料類、銃、弾薬、ボート、「ヲクタント」「測量機」を除く船具などはすべて没収。ただ、砂金、銀貨、銅貨については日本銀に替えて与えられた。これらの他の物品はすべて返却されて、万次郎たちはこの後すぐに、奉行所から西川という旅館に移った。

六月二十五日に一行は長崎を発ち、一路土佐に向かった。天候にも恵まれて、海路、陸路ともに順調に進み、七月九日には故郷土佐の国境近くに到着。そして用居《もちい》関《ぜき》［現・高知県吾川《あがわ》郡仁淀川町《によどがわちょう》］を越えて、土佐に入ったのであった。

七月十一日、高知城下に入り、宿舎に指定された浦戸町の旅館松尾に旅装を解いた。それからは毎日、役所への出頭を命じられ、漂流のはじめから海外滞在の詳細について取り調べが続いた。万次郎がもちかえった世界地図に関して聴取があったのは長崎奉行所と同様で、九月二十四日にようやく尋問のすべてが終了。

その結果、万次郎、伝蔵、五右衛門の三人はこの後の生涯にわたって海での仕事を禁じられた。いっぽうで、終身高い俸禄が与えられることになった。また、故郷の村に帰る許可も下りた。

帰郷の許可を得て、三人は十月一日に喜んで高知を出発、日の暮れるころに故郷の宇佐浦に帰り着いたのであった。しかし、伝蔵たちの家はすでに朽ち果てていて、いまではどこにあったのかもわからなくなっている。

こうした状況のなか、伝蔵、本来の名でいえば筆之丞のいとこで伝蔵という者が近所に住んでいた（事情をいえば、筆之丞の叔母が伝蔵という人に嫁いでいて、その息子も父と同じく伝蔵と名乗っているというわけで、当年四十五）。この伝蔵の家に、帰ってきた漂流民三人が一時の世話になることになった。

筆之丞［伝蔵］たちが十年ぶりに帰ってきたというので親族や古い友人たちが寄り集まってきて、長年の苦労話を涙ながらに聞き、その苦難を慰労し、思いがけぬ帰還をみなでおおいに喜び合ったのである。

万次郎は、翌二日の朝早く宇佐浦を出発し、五日の午後に生まれ故郷の中ノ浜に帰着した。家には、幸いにして老母が健在、姉の世喜《せき》、義兄の悦助《えつすけ》（姉世喜の婿で、父悦助の名を継いだ）や眞、時蔵、弟の熊吉、妹の梅など、みな集まってともに祝杯をあげ、万次郎の十年余の苦難の物語に涙を流すのだった。

さて、万次郎がアメリカからもちかえってきた世界地図は「インキラン」「イングランド」人が精巧に製作したもので、西洋における紀元一八四四年（わが国の弘化二年にあたる）の新作なので、それまでの地図に比べて、そのくわしさは比べようがないほどすばらしい。ただ、地図中のそれぞれの名称は西洋の横文字で記されていて、理解するのが非常に困難である。

したがって、画家である私、河田小龍が取りまとめの役人の依頼を受け、新たにこの地図を模写し、その横文字を万次郎に読ませて、それを仮名に音訳して模写地図に記入することとし、完成品を藩の役所に納めよという命令なので、十月十九日にその作業を開始した。

この詳細な世界地図の模写に仮名で名称を入れていくという企図が成就すれば、その後の航海や測量といった分野の正しい向上に大いに貢献するはずである。

こうしたこともあり、十二月十二日、藩の公式会議によって万次郎は譜代の藩士となることに決まった。以来、土佐藩の厚恩を永く拝することとなったのである。

嘉永五年歳次壬子（一八五二）冬日　草稿　畢

半舫斎［河田小龍］

# 付・底本凡例

この凡例は河田小龍によるもので、底本では首巻の冒頭に置かれている。学術文庫版では巻末に付することとした。

一　この書は、漂流民らが長く外国に暮らすなかで、さまざまな海洋を幾度も航海し、ついにはこの大きな地球を一周したことなどを記したもので、これらのことは、われわれ日本人がいまだかつて経験したことのない話である。彼らの経験したこと、あるいは諸外国の風俗についての話など、傾聴に値することが少なくない。いたずらにこれらの話を聞き捨てにするのも惜しいと思われる。そこで、筆に任せてそれらの話の逐一を書きとめ、結果、小冊子としてこういう形でまとめることになった。もとより、先入観などをもたず、ただただ漂流民の語るところを聞き書きしたものなので、文章として整っていないところは多々ある。ただ、これを書き記すときにおいて、私自身の意見や見解を加筆したことはいっさいない。

一　この書においては、平仮名で記述していくなかで、外国語か、あるいは対応する漢字のない日本語などは片仮名にしてある。なおその部分については、上下の文に混雑をさせないために「　」を使っている。

一　二字一音の仮名は二字を合書して一字のようにしてある。なかで、チヤキヤアオニメのように、細字を肩上に、または脚下に加えたものは一音合わせて発音するときに声の大小や速さがあることを考慮したものである。そのほかにも、こうした発音に関する表記に似た工夫があることも申し添えておく。

一　外国の人名や物の名前については、漢字で音訳したものもあるが、漂流民が耳で聞き覚えた呼称に合わせて表記したものも多い。したがって、すべて片仮名を使っているが、なかで「シァンフチ《散土微私》」「ノヲスメリケ《北米利幹》」などのように、何々というのは何々であるという漢訳がわかるように行の右傍に漢字を付け、読者が読みやすくなるよう工夫した。外国語で日本や中国を指す場合は、日本中国《チャパンチャイン》のように漢字表記の右傍に読み仮名を付け、日本や中国を彼らはこのように呼んでいるということがわかるようにした。

一　この書に掲載した画や図については、万次郎が下書きをしたものを外国の書籍に倣って修整して使用し、これを本文中に添えた。そのなかで、横書きでヂョンマンと署名してある図画は、万次郎が描いたものをそのまま改め直させずに使ったものである。

# 解題

北代淳二

## 1 河田小龍について

河田小龍《かわだしょうりょう》（一八二四〜一八九八）は、幕末から明治にかけて活躍した、幅広い画風をもつ土佐の画家であり、また多才で進歩的な知識人でもあった。小龍は土佐藩の実力者吉田東洋《よしだとうよう》に認められ、一八四六（弘化三）年から一八五〇（嘉永三）年までの四年間を京都と大坂で修業した。万次郎らが高知に帰った一八五二（嘉永五）年は、関西から帰った小龍が「墨雲洞」と名づけた画塾を高知城下に開いたばかりのときである。

万次郎らの海外体験を聞いて絵入りの読み物にまとめた小龍は、それに『漂巽紀畧《ひょうそんきりゃく》』という名前をつけた。「巽《たつみ》（南東）の方角に漂流した記録のあらまし」というほどの意味である。小龍は多くの雅号を持ち絵によって使い分けているが、『漂巽紀畧』については「川田維鶴《いかく》撰」とし、巻末には「半舫斎」という雅号を記している。『漂巽紀畧』は嘉永五年（一八五二）末に完成し、翌年早々に藩主の山内容堂に献じられたと見られるが、万次郎たちに対する土佐藩としての聴聞記録である『漂客談奇《ひょうかくだんき》』も同じ頃に完成しており、共に藩の上層部の必読の書となり、写本が他藩の大名たちに提供された。そして同年夏のペリーの黒船来航と相まって、さまざまな写本や異本によるアメリカ情報が、巷にあふれるようになる。

小龍については、安政地震のあとに坂本龍馬と会って、のちの海援隊創設のヒントを与えたという話がよく知られている。これは、小龍が後年『藤陰略話抄録』に書いたものだが、これには万次郎のことも『漂巽紀畧』のことも出ていない。龍馬は万次郎より九歳年下である。万次郎と会った記録はないが、『漂巽紀畧』や『漂客談奇』などの写本を読んで、アメリカ事情を学んでいたことは十分考えられる。

## 2　現代語訳の底本について

河田小龍が嘉永《かえい》五年、土佐藩主に献上したとされる『漂巽紀畧』の原本は、じつはいまだに所在不明である。ただ古写本とされるものが数種類見つかっており、そのなかで次の三書がこれまでに翻刻出版されている。

①『漂巽紀畧』(高知市民図書館、一九八六年)
②「漂巽紀畧(中浜家蔵)」(『中浜万次郎集成』[増補改訂版]所収。小学館、二〇〇一年)
③『漂巽紀略(大津本)』(高知県立坂本龍馬記念館、二〇一三年)

このたび講談社学術文庫として現代語訳をお届けする『漂巽紀畧』は、①を底本としたものである。この高知市民図書館刊行の翻刻は、河田小龍の孫の宇高随生《うだかずいせい》の手になるもので、巻末に宇高自身の詳しい「解題」がついている。それによると『漂巽紀畧』の完全写本として内容体裁ともに整っているのは、

(1)キューリン本
(2)穂之久爾《ほのくに》本
(3)京都外語本
(4)宇高本

の四点である。

ところで、高知市民図書館刊行の翻刻には、底本とした古写本の名が明示されていない。宇高随生が自分の所蔵する「宇高本」を使って翻刻したものと考えられていたが、そうではなく、同じ五巻本の「穂之久爾本」の翻刻であることが近年判明した。

穂之久爾本を所蔵する穂久邇《ほのくに》文庫は愛知県豊川市にある。江戸時代以来、太白胡麻油で知られる食用油などを商うのみならず、現在は油脂化学分野を広く手がける竹本油脂の創業家が管理している。竹本家が太平洋戦争後に、旧久邇宮家のご文庫が所蔵していた国宝級の古文書類を多数引き継いだ。愛知県のこの地方は「穂の国」と呼ばれるので、それと久邇宮の名を組み合わせて「穂久邇文庫」と称したものである。旧久邇宮家から伝来した古文書類のほとんどは和歌や物語類だったが、そのなかに、どういうわけか「漂巽紀略五冊板下本」が入っていたのである。板下本というのは印刷を目的にしているために文字や体裁も整えられている。竹本家には、翻刻本に穂之久爾本を使わせてほしいという宇高随生の手紙が残っており、これで高知市民図書館刊行の翻刻には、穂之久爾本が底本として使われたことが明らかになった。

本書刊行にあたり、ご協力いただいた宇高通成《うだかみちしげ》氏（宇高随生の子息。河田小龍の曾孫）と穂之久爾本所有者の竹本泰一氏に、あらためて感謝の意を表したい。

さて、穂之久爾本と宇高本は五巻となっているが、キューリン本や京都外語本は四巻である。これは五巻本が、四巻本の「巻之一」の前の「序」や地図の部分を独立させて「首巻」としたためで、双方の内容には変わりはない。

『漂巽紀畧』について語るとき、忘れられない名はキューリンである。大正元年（一九一二）、ニューヨークのブルックリン博物館東洋部長だったスチュアート・キューリン博士は、たまたま訪れた東京・両国の古書展で、ニューイングランドらしき絵入りの古書四巻を購入した。

たまたま紹介を受けてこの古書を見た万次郎の長男東一郎《とういちろう》は、そのなかに父のサインを見つけて驚き、博士から古書を借り受けて、家族親族総動員で全巻を模写した。これが『漂巽紀畧』の「中浜本」と呼ばれるものであり、本節冒頭に示した②にあたる。つまり、厳密には古写本とはいえない。

アメリカに渡った「キューリン本」は、博士の死後、所有者が転々としたが、一九六六年にフィラデルフィアのローゼンバック図書館入りし、その重要なコレクションとなっている。なお、ローゼンバック図書館の協力を得て、『漂巽紀畧』の英語訳がアメリカで出版されていることを紹介しておきたい。万次郎もなじみが深い米東部のかつての捕鯨基地、ニューベッドフォードにある出版社が企画したもので、日米和親条約締結百五十周年を記念して『漂巽紀畧』の全訳を出版した。訳者は万次郎研究家の故永国淳哉と北代淳二である。ローゼンバックにあるキューリン本から河田小龍の挿絵がふんだんに使えて、カラフルな本になった。

## 3　『漂巽紀畧』成立の背景

一八五一年二月、鎖国の禁に挑戦して伝蔵、五右衛門とともに決死の帰国を試みた万次郎は、琉球南端の海岸に無事上陸した。そして琉球を支配する薩摩藩出先の取り調べを受けながらも、琉球の人たちの温かい待遇を受ける。そして六ヵ月後に薩摩藩に移され、そのあと長崎奉行所で幕府の取り調べを受けた。漂流によるものだとはいえ、鎖国の日本から海外に行くのはご法度である。三人の取り調べの模様は、『漂巽紀畧』にもかなり詳しく述べられている。

けっきょく三人は無罪放免となり、長崎まで引き取りに来た土佐藩の者に連れられて、高知の城下へ帰って来たのは、一八五二年八月二十五日（嘉永五年七月十一日）のことだった。琉球に上陸してから一年半もの日が経っていた。

万次郎たちが無事に日本に帰国したことは一般の者にも知れており、城下の大きな話題になっていた。土佐藩でも三人から、漂流から帰国までの一部始終を聴聞した

が、公儀としての取り調べは長崎で済んで落着しており、土佐藩の聴聞は尋問という
より記録のために詳しく話を聴くという性質のものである。
藩として正式に聴聞に当たったのは吉田東洋の配下の吉田正誉《まさよし》である。吉田は苦労
して三人から海外事情などを聞き取り、『漂客談奇』という報告書をまとめた。
吉田が三人からの聴き取りでもっとも苦労したのは言葉である。三人はもともと漁
民の言葉しか話さないうえに、長い海外生活で言葉を忘れている。とくに万次郎は日
本語よりも英語のほうが達者になっていて、お互いになかなか意思の疎通ができない
ありさまである。
そこで考えられたのは、土佐藩の絵師で新進の知識人だった河田小龍に立ち会って
もらい、意思の疎通の手助けをしてもらうことだった。海外事情に興味がある小龍
は、喜んでこれに応じて聴聞を手伝うようになり、とくに万次郎の海外体験を自分で
もさらに知りたいと考えるようになった。そこで小龍は一計を案じた。万次郎を自分
の家に住まわせて起居をともにしながらお互いに言葉を覚え、情報を交換しようとい
うのである。小龍はこの案について藩の許しを取り付け、吉田正誉の聴聞を手伝いな
がら、後で『漂巽紀畧』として実を結ぶ独自の取材を続けたのである。ときに小龍二
十八歳、万次郎は二十五歳であった。

## 4　『漂巽紀畧』の見どころ

『漂巽紀畧』はいま風に言えば、画家で学者の河田小龍が、万次郎ら帰国漂流民に密着取材して書き上げた、豊富なイラスト入りのノンフィクションだ。万次郎らの話を抄録するにあたっては、その言うままに書き取り、「少許《すこしばかり》も自己の妄語を加ふるものなし」（いささかも私見は入れていない）と、小龍は強調している。

そのために、万次郎の考えちがいがそのまま記録されている箇所もある。たとえば「巻之三」の初めの部分で、ホイットフィールド船長が万次郎を連れてフェアヘブンの自分の家に帰り着いたところで、「航海中に室女死亡」と知って狼狽する描写があるが、これは明らかに誤りである。記録によると、船長の妻は、夫が航海に出る二年前の一八三七年に亡くなっており、ホイットフィールドは一八三九年の出航直前にアルバティーナという女性と婚約している。万次郎はたぶんこのことを知らなかったのであろう。アルバティーナは数ヵ月後に万次郎が世話になる船長の後妻である。

『漂巽紀畧』の最大の魅力は、なんといっても小龍が得意の絵筆をふるって描いた挿絵である。地図を除いて大小の絵が約五十点ある。あるものは写実的に、またあるものはカリカチュア風にと変化があり、見ていて興味がつきない。また万次郎から聞く風物のなかで、小龍が理解できないものを、万次郎自身に描かせた絵もある。ニューベッドフォード港の跳ね橋がその例である。そのように万次郎が描いたものには、John Mung と署名が入っている。

『漂巽紀畧』のなかには、ペリーの黒船来航以前には日本の庶民が知らなかったアメリカのハイテク技術も紹介されている。そのひとつが蒸気船だ。万次郎がゴールドラッシュに加わるために、サンフランシスコからサクラメントまで乗ったという船で、「シチンボール之図」という説明がついている。「スチームボート」のことだ。また「レイロー、火車」として、煙突から煙をはく機関車とその後ろに連結された車両が描かれているが、車両の数は二十四両もあり、四ページにわたっている。ただ、車両の下にあるべきレールは描かれていない。万次郎が「レイロー」（レイルロード）のことを、どのように小龍に説明したかわからないが、万次郎が住んだニューベッドフォード地域には、万次郎上陸の一八四三年以前にすでに鉄道が開通しており、万次郎は汽車のことをよく知っていたはずだ。

## 5　万次郎が伝えたアメリカの「理想」

『漂巽紀畧』のなかに描かれた絵には、捕鯨関係や捕鯨船が訪れる土地の珍しい風俗などもあり、変化に富んでいるが、そのうちのひとつにアメリカの民主主義を象徴する言葉が、さりげなく書きこまれている。

『漂巽紀畧』の「巻之二」には万次郎たちを救った捕鯨船ジョン・ハウランド号の全体図が二ページにわたる見開きで描かれており、続いて船首、船腹、船尾の絵がそれぞれ一ページずつ、かなり詳細に描かれている。問題の言葉は、その船尾の絵のなかにある。よく見ると船尾には大きく翼を広げた鷲が描かれていて、そのくちばしは左右に長く延びた帯状のリボンをくわえている。リボンにはローマ字らしき字が書かれているが、全部は判読できない（三十九頁の図）。

そしてこの船尾の絵の右の余白部分に、小龍が説明のために書き足したと見られる縦書きのローマ字とその振り仮名が書かれ、さらにその下に「符詞ノ文字ニテ合衆国ニ用ユルモノノヨシ」という注釈が書き込まれている。「符詞」とは「しるしとなる言葉」の意味で、標語やモットーの同義語である。つまり「アメリカ合衆国のモットー」だと説明しているのである。

一七七六年の独立のあとに作られたアメリカ合衆国の国章の中に、この「符詞の文字」であるラテン語の「E PLURIBUS UNUM」が刻まれている。この言葉は日本語では「エ・プルリブス・ウヌム」と表記するのが普通だが、小龍が聴き取った万次郎の発音は「イプラ　シエナン」となっている。万次郎の発音が、小龍の耳にはそう聞こえたのであろう。「エ・プルリブス・ウヌム」は「多くのものが集まってできた一つ」という意味で、十三の州が一つになってアメリカ合衆国をつくったことを意味したが、いまでは異なった人種や宗教や文化の人間が集まって共存し共生するという、民主主義の理想をあらわす言葉とされている。

現在もアメリカの国章のなかに刻まれているこの「符詞の言葉」を、名もない漂流民である万次郎が、『漂巽紀畧』のなかで日本に伝えていたのである。

## 6　その後の万次郎

『漂巽紀畧』は帰国漂流民の万次郎が、一躍、土佐藩の最下級武士に取り立てられたところで終わっている。ところが、その翌年の嘉永六年（一八五三）六月の黒船来航により、万次郎の運命はさらに大きく変わることになった。ペリー提督が日本の開国を要求するフィルモア大統領の親書を残して引きあげたあと、幕府は最新のアメリカ事情を聴取するため、土佐藩に命じて急遽、万次郎を江戸に出頭させたのである。そして万次郎のアメリカ体験と航海技術や造船知識などを高く評価した幕府は、万次郎を御普請役格《ごふしんやくかく》として召し抱えた。「中浜万次郎」と名乗る、れっきとした幕府直参《じきさん》の武士の誕生である。

万次郎は、当時海防技術の第一人者だった江川太郎左衛門英龍《えがわたろうざえもんひでたつ》（坦庵《たんあん》）の部下として江川邸のなかに住むようになった。江川は万次郎を、再来日したペリーとの交渉の通訳として用いることを幕府に進言するが、これは水戸の徳川斉昭《とくがわなりあき》の反対で実現しなかった。斉昭は万次郎の才能を認めながらも、アメリカ人に助けられ教育を受けた万次郎は、恩義を受けたアメリカの不利になるような通訳はしないだろうというのである。そして、万次郎をペリー一行と接触させないこと、条約交渉にはいっさい関係させないことを主張した。幕府はけっきょくこの斉昭の主張に全面的に従った。万次郎がペリーとの交渉を襖越《ふすまご》しに聞いて通訳したとか、英語文書を翻訳して交渉を助けたというような見かたが歴史書の一部に散見されるが、いずれも事実ではないようだ。

幕臣中浜万次郎は、「アメリカを初めて伝えた日本人」（万次郎の曾孫中濱博《なかはまひろし》の言葉）として、多くの分野で日本の近代化に貢献したが、その対米関係の深さの故に幕府から警戒され、彼の心中には非常に複雑なものがあったことがうかがえる。

万次郎の長男で医学博士だった中濱東一郎は、昭和十一年に出した『中濱萬次郎傳』（冨山房）のなかで、父親の最期について次のように書いている。

……明治維新となり、萬次郎は新政府によつて新たに開成学校の教授に任命され、また或ひは普仏戦役に際して特に欧州に出張を命ぜられたれど、彼れが天より課せられたる任務は、此時既に全うされたるものなりけん、意気愈々旺盛なるべき四十五歳にして不幸慢性の疾患に罹り、爾来志を世事に絶ちて、悠々自適の生活を送り、明治三十一年七十二歳にして天寿を終りたり。されば其前半生の波瀾重畳たるに比して、彼れの後半生は極めて静寂にして無為なりき。

「静寂にして無為」のうちに万次郎の心中に去来したものはなんだったのだろう。彼の命日の十一月十二日には、万次郎忌として毎年東京・雑司《ぞうし》ケ谷《がや》霊園の墓前に大勢の人が全国から集まり、それぞれの立場で冥福を祈るとともに、万次郎の最後の思いを探っている。

## 7 「ジョン万次郎」という名について

「ジョン万次郎」という名前が広く一般に使われるようになって、今では誰も疑問に思う人はいないが、万次郎自身はその名前を日本で一度も使ったことはない。正確に言えば、彼は苗字のない土佐の漁師の次男として生まれて「万次郎」と名づけられ、漂流したあとの捕鯨船とアメリカ暮らしの間は、「ジョン・マン（John Mung）」と呼ばれた。そして、日本に帰ってからは帰国漂流民として再び「万次郎」の名前に戻ったが、ほどなく幕府直参の武士「中浜万次郎」となり、その名で満七十一歳の生涯を終えた。

「ジョン万次郎」という名前を初めて公に使ったのは、昭和十二年（一九三七）に発刊された井伏鱒二の小説「ジョン万次郎漂流記」である。この小説が第六回直木賞受賞作品となり、広く一般に読まれるようになって、「ジョン万次郎」が呼称として定着していった。井伏鱒二自身は、小説の中で多用している「ジョン万」のフルネームとして「ジョン万次郎」と名づけたまでで、特別な意味を持たせたものではないようだ。しかし、「ジョン万次郎」の名が一人歩きをし、定着していったのにはそれなりの大きな理由がある。万次郎の正しい姓名である「中浜万次郎」からは、彼の波乱万丈の海外体験はうかがえないし、かと言って「ジョン・マン」だけでは、日本に帰ったあとの後半生は表せない。「ジョン万次郎」は、たくまずして万次郎の全生涯を表すネーミングになっているのである。あくまでも史実に基づいて歴史を論じる研究者の立場からは「ジョン万次郎」の名は認められないが、今やいちいち注釈を加える状況ではなくなってしまった。

**参考資料**

別府江邨『画人　河田小龍』「画人　河田小龍」刊行会、一九六六年
高知県立美術館『河田小龍――幕末土佐のハイカラ画人』二〇〇三年
中濱東一郎『中濱萬次郎傳』冨山房、一九三六年
中濱博『中濱万次郎――「アメリカ」を初めて伝えた日本人』冨山房インターナショナル、二〇〇五年
北代淳二「海を渡った『漂巽紀畧』」(「高知新聞」二〇一二年四月二日〜七日)
北代淳二「『漂巽紀畧』で読み解く万次郎のメッセージ」(『土佐史談』第二五七号)
北代淳二「万次郎と咸臨丸」(『土佐史談』第二六九号)

本書は講談社学術文庫のための訳し下ろしです。

ジョン万次郎（じょんまんじろう）

1827（文政10）-1898年（明治31）。中浜万次郎。幕府の軍艦操練所教授，開成学校教授等を務める。

河田小龍（かわだ　しょうりょう）

1824（文政7）-1898（明治31）。本名は維鶴《これたず》。土佐藩の絵師。万次郎の事情聴取にあたった。

谷村鯛夢（たにむら　たいむ）

1949年高知県生まれ。本名は和典。俳句結社「炎環」同人会会長。中浜万次郎国際協会会員。

北代淳二（きただい　じゅんじ）

1932-2024年。高知県生まれ。国際基督教大学卒業。コロンビア大学大学院修了。国際ジャーナリスト。

---

講談社学術文庫

定価はカバーに表示してあります。


**漂《ひょう》巽《そん》紀《き》畧《りゃく》　全現代語訳**

ジョン万次郎《まんじろう》　述／河田小龍《かわだしょうりょう》　記

谷村鯛夢《たにむらたいむ》　訳／北代淳二《きただいじゅんじ》　監修

2018年12月10日　第1刷発行

2025年2月12日　第10刷発行

発行者　篠木和久

発行所　株式会社講談社

東京都文京区音羽2-12-21 〒112-8001

電話　編集（03）5395-3512

販売（03）5395-5817

業務（03）5395-3615

装　幀　蟹江征治

印　刷　株式会社広済堂ネクスト

製　本　株式会社国宝社

本文データ制作　講談社デジタル製作




---


ISBN978-4-06-514262-2

# 「講談社学術文庫」の刊行に当たって

これは、学術をポケットに入れることをモットーとして生まれた文庫である。学術は少年の心を養い、成年の心を満たす。その学術がポケットにはいる形で、万人のものになることは、生涯教育をうたう現代の理想である。

こうした考え方は、学術を巨大な城のように見る世間の常識に反するかもしれない。また、一部の人たちからは、学術の権威をおとすものと非難されるかもしれない。しかし、それはいずれも学術の新しい在り方を解しないものといわざるをえない。

学術は、まず魔術への挑戦から始まった。やがて、いわゆる常識をつぎつぎに改めていった。学術の権威は、幾百年、幾千年にわたる、苦しい戦いの成果である。こうしてきずきあげられた城が、一見して近づきがたいものにうつるのは、そのためである。しかし、学術の権威を、その形の上だけで判断してはならない。その生成のあとをかえりみれば、その根は常に人々の生活の中にあった。学術が大きな力たりうるのはそのためであって、生活をはなれた学術は、どこにもない。

開かれた社会といわれる現代にとって、これはまったく自明である。生活と学術との間に、もし距離があるとすれば、何をおいてもこれを埋めねばならない。もしこの距離が形の上の迷信からきているとすれば、その迷信をうち破らねばならぬ。

学術文庫は、内外の迷信を打破し、学術のために新しい天地をひらく意図をもって生まれた。文庫という小さい形と、学術という壮大な城とが、完全に両立するためには、なおいくらかの時を必要とするであろう。しかし、学術をポケットにした社会が、人間の生活にとってより豊かな社会であることは、たしかである。そうした社会の実現のために、文庫の世界に新しいジャンルを加えることができれば幸いである。

一九七六年六月

野間省一